告别零沟通

安中玉◎编著

怎么了？

我忘带水壶了。

黑龙江美术出版社

图书在版编目（CIP）数据

告别零沟通 / 安中玉编著 . -- 哈尔滨 : 黑龙江美术出版社 , 2024. 10. -- ISBN 978-7-5755-0724-0

Ⅰ . C912.11-49

中国国家版本馆 CIP 数据核字第 2024NG4952 号

书　　名：告别零沟通

GAOBIE LING GOUTONG

出 版 人：乔　靓
编　　著：安中玉
责任编辑：李　旭
装帧设计：黄　辉
出版发行：黑龙江美术出版社
地　　址：哈尔滨市道里区安定街 225 号
邮政编码：150016
发行电话：（0451）84270514
经　　销：全国新华书店
制　　版：姚天麒
印　　刷：三河市兴博印务有限公司
开　　本：710mm×1000mm　1/16
印　　张：10
字　　数：124 千字
版　　次：2024 年 10 月第 1 版
印　　次：2024 年 10 月第 1 次印刷
书　　号：ISBN 978-7-5755-0724-0
定　　价：59.00

注：如有印、装质量问题，请与出版社联系。

在繁忙的现代生活中，我们时常被工作和生活的压力所困扰，而与孩子的沟通往往因为时间和精力的不足而减少或简化。请记住，与家长沟通是孩子成长道路上不可或缺的一部分，与孩子沟通是家长的重要责任。本书《告别零沟通》就是帮助所有忙碌而爱孩子的家长，找到与孩子建立有效沟通的方法。

孩子，是未来的希望，他们的成长需要我们的陪伴与引导。而沟通，是连接我们与孩子的桥梁，是他们了解世界、认识自我、建立人际关系的重要途径。作为家长，我们不仅是孩子的监护人，更是他们的引路人。然而，现实中很多家长因为种种原因，与孩子之间的沟通非常少，这无疑是孩子健康成长道路上的一大遗憾。

本书从多个角度深入剖析与孩子沟通的艺术。首先，我们要找到零沟通的原因；其次，书中详细介绍了一些实用的沟通技巧，如倾听、表达、理解和尊重等。这些技巧不仅能帮助我们更好地与孩子沟通，还能让我们在与其他人的交往中更加得心应手。

除了基本的沟通技巧，本书还特别强调了情感沟通的重要性。情感沟通是建立亲子关系的基石，它能让家长和孩子之间建立深厚的情感。我们会分享一些情感沟通的小妙招，如表达赞美、委婉拒绝等，这些方法都能让亲子关系更加亲密、和谐。

当然，与孩子沟通时难免会遇到一些挑战和困难。但请放心，书中针对这些问题给出了具体的应对建议和解决方案，帮助家长更加从容地应对各种

前言

Foreword

挑战。

我们坚信，通过本书的学习，广大家长一定能够掌握与孩子沟通的艺术，告别零沟通的困境。让我们一起努力，为孩子创造一个充满爱和理解的成长环境，让他们在快乐中茁壮成长。我们也期待更多的家长能够从中受益，与孩子建立更加和谐的关系。

目录

第三篇　亲子沟通的十大技巧

第四篇　亲子沟通的常见禁忌

第一篇
如何解决"零沟通"问题

亲子沟通困难是许多家庭都会面对的问题。

为什么孩子和我们无话可说？为什么孩子拒绝和我们沟通？因为我们从没有试着和孩子好好说话，我们总自以为是地用"为你好"来绑架孩子；因为我们不懂孩子的感受、找不到和孩子聊天的切入点，不懂得和孩子做朋友；因为……原因很多，下面让我们一起来探讨一下！

为什么孩子不愿和你沟通？

🎓 思考时刻

　　亲子关系好不好，沟通很重要。研究表明，80% 以上的家庭或多或少都面临着亲子沟通的难题，甚至，有的家庭已经陷入了零沟通的窘境。孩子和家长日日相见却形同陌路，什么都不愿意和家长说，和家长稍微聊两句就表现得很不耐烦。为什么如此？一个很重要的原因就是不同频。

📝 沟通故事

　　周六一大早，奶奶正拿着拖把在客厅拖地，宁宁蹦蹦跳跳地跑了过来，仰着小脸问："奶奶，我能求您个事儿吗？"

　　"什么事儿，你说。"奶奶宠溺地摸了摸宁宁的头，笑着回应。

　　"今天放假，我们一起去看圆滚滚吧。"宁宁说，"我们班的莉莉、小强都去看过了，我也想去。圆滚滚太可爱了。"

　　圆滚滚？什么圆滚滚？听了宁宁的话，奶奶一脸茫然。

　　圆滚滚，看来是圆的，能滚动，能看，应该是一种杂耍节目吧。奶奶暗暗地想。

　　街边的杂耍，又乱又闹腾，

> 宝贝，有什么事？

> 奶奶，我们一起去看圆滚滚吧？圆滚滚超级可爱。

很多都是骗人的。

想着，奶奶就摇摇头，拒绝了宁宁的请求："不行，圆滚滚有什么好看的，还不如在家看动画片。"

听奶奶这么说，宁宁很不高兴，哭着跑回了自己房间。

故事启迪

什么是不同频？

上面的故事就是典型的不同频。亲子之间存在明显的认知代沟，你不明白我在说什么，我也不懂你为什么拒绝。你说想"打农药"，他／她说"你没种过地，不会用喷雾器"；你说"蓝瘦香菇"，他／她说"香菇没有蓝色的"。

如此这般，长时间的鸡同鸭讲、错位沟通，孩子就会觉得没意思、扫兴、没必要，和家长沟通的欲望自然也会慢慢降低。

不同频的沟通，约等于无效沟通。既然无效，说了也白说，那何必再说？

当然了，除了认知上的不同频，很多时候，你和孩子在情感上也不同频。孩子的喜悦你不理解，你的愤怒孩子也不知道；你以为这件事无关痛痒，孩子却认为它非常重要。

举个例子，孩子刻苦努力，好不容易在学习上取得了进步，考了班级第七名，兴冲冲地来告诉你，希望能得到你的肯定和夸奖。你却觉得孩子太笨，成绩不够好，劈头盖脸地责问他／她为什么没考第一名，是不是考试的时候马虎大意了？

试想，类似的情况多了，孩子怎么可能乐意和你沟通？

毕竟，没有谁喜欢总用热脸去贴别人的冷屁股，也没有谁会热衷于被打击、被否定、被指责。

如果在日常沟通过程中，孩子无法从家长这里得到自己想要的、积极正面的反馈，时间长了，自然会产生逆反心理和抗拒心理，从而拒绝和家长再沟通。

📖 举一反三

周三下午，风和日丽，芸芸妈妈像往常一样站在校门口等着接女儿放学。

"铃铃铃……"

放学铃声响起后不久，芸芸就像只快乐的小鸟般满脸笑容地奔向妈妈。

"妈妈，妈妈，李老师今天表扬我了！"芸芸昂着小脑袋，骄傲地告诉妈妈。

闻言，妈妈漫不经心地"哦"了一声，没当回事。

妈妈冷淡的态度让芸芸心里有些委屈，但她太高兴了，即便妈妈没问老师表扬的原因，回家的路上，她还是自顾自地和妈妈分享了自己的喜悦。

"绘画课上，李老师让我们画一张全家福，我画得最好，被表扬了，还得了一朵小红花。"

说着，芸芸迫不及待地从书包里拿出一幅画给妈妈，"妈妈你看，你快看！"

画是水彩画，上面画着红日、青山、绿树、黄花，花丛边有两大一小三个人手牵手站在一起，每个人脸上都带着笑容。

妈妈接过画，草草地看了几眼，越看，眉头皱得越紧。

"芸芸，妈妈和你说过很多次了，画画要讲究比例，你这幅画里人比树都高，明显不合理。这个颜色的搭配也很突兀，红配绿，太俗了。还有，妈妈比爸爸高，你把妈妈画矮了，你……"

拿着画，妈妈煞有其事地指出了很多"错误"。

原本满脸笑容的芸芸越听越难过，最后，忍不住哇哇大哭起来。

那之后，有了高兴的事，芸芸再也没有和妈妈分享过。

> 你这幅画画得太糟糕了，比例不对，色彩搭配不和谐，构图混乱，没有……

> 妈妈坏，以后再也不和妈妈说了。

智慧锦囊

沟通不是独角戏，而是家长与孩子以交心、交流为目的的互动。每一个孩子，天性都是亲近父母的，亲子之间之所以存在沟通障碍，多数时候，问题都出在家长身上。如果家长能够学着去了解孩子的喜好、在认知上尽量做到和孩子同频，并努力从情感、思想等方面给予孩子积极、正面的回应、反馈，亲子沟通就会变成一件很简单的事。

无话可说的真相

家长与孩子无话可说，本质上是沟通的缺失。

造成这种缺失的原因有许多：可能是家长工作太忙，没时间和孩子沟通；可能是孩子渐渐长大，慢慢有了自己的想法，不愿意和家长沟通；可能是孩子和家长话不投机，没什么可以聊的话题；也可能是家长和孩子沟通的方式、态度等有问题。

沟通故事

开学第一次数学周考，李晴发挥得不太好，只考了70分。

数学老师专门给李晴爸爸打了电话，希望他能够抽出时间，多关心一下孩子的学习。

李晴爸爸连连答应。

挂断电话后，李晴爸爸立即黑着脸走向李晴的房间。

李晴正在房间里拼乐高，就听见"哐"的一声，房门被推开，爸爸气势汹汹地走了进来。

看到李晴在玩，爸爸立即火冒三丈，一脚把李晴拼好的乐高踹散，接着，指着李晴的鼻子，大声咆哮："玩，玩，你就知道玩！除了玩，你还会干什么？"

"这次数学周考你考了多少分？70

好的，好的，老师您放心，我一定督促她。

分！70分！"

"成绩这么差，你居然还有脸玩？"

"立刻、马上去复习，写作业！"

"下次周考成绩还这么差，零花钱减半！"

玩，玩，你就知道玩！数学考那么差，还不学习，玩什么玩？气死我了！

呃……我……我考试那天发烧了。

吼完，爸爸就气哼哼地甩袖离去。

过了好久，几乎被爸爸吼懵了的李晴才回过神，瘪着嘴，小声解释说："周考那天我发烧了，有一道大题没写。"

只是，爸爸早就走了，根本就没听到李晴的解释。

故事启迪

日常生活中，很多家长在和孩子沟通的时候都表现得很强势、很没有耐心，甚至很暴躁。

说不上三五句就开始吼，孩子稍微争辩两句就感觉自己被冒犯，忍不住大发雷霆。像李晴爸爸这样，不问事情原因就劈头盖脸训斥孩子一顿，根本不和孩子好好沟通的家长更是大有人在。

试问，如果你是孩子，总是被家长这样命令、指责、训斥，你还愿意向家长敞开心扉吗？

孩子是独立的人，有自己的思想，有自己的好恶，并不是家长的附属品。家长在日常沟通时应该给予孩子足够的尊重，多听听孩子的解释，了解孩子的心声。要知道，很多时候，你看到的、推测的，或许和事实并不一样。罪犯被判刑前还能自我辩护，却有太多太多的家长直接剥夺了孩子发言和辩护的权利，这本身就是一种畸形的亲子模式，不利于沟通和交流。

当然，也不是所有的家长在和孩子沟通的时候都火急火燎、粗暴而蛮横。有些家长很有耐心、态度也很柔和，摆事实、讲道理，说得头头是道，但孩子依旧拒绝和家长沟通，双方依旧无话可说。为什么呢？

因为家长的关注点和孩子的关注点不一样，家长聊的话题和孩子想聊的话题南辕北辙、天差地别。

作为家长，你最关心的始终是孩子的学习、成长，沟通的时候也是三句话不离学习、成绩、理想、将来。但孩子呢，他/她想聊的可能是最新潮的手办、最火的游戏动漫，是姥姥家门前的小河和奶奶做的红烧肉。

举一反三

豆豆正趴在书桌上写作业，妈妈端着果盘和牛奶走了进来。

"儿子，先休息一下，吃点儿水果，喝杯牛奶。"妈妈把果盘放在桌上，温柔地说。

豆豆乖巧地点点头，拿起牛奶。

"儿子，你们快放暑假了吧？"妈妈问。

"嗯，明天、后天期末考试，考完就放假。"豆豆回答。

"暑假两个月呢，你准备怎么过？"妈妈又问。

暑假怎么过？

听了妈妈的问题，豆豆立即浮想联翩。

暑假可以去姥姥家，和表

> 儿子，马上放暑假了，你想怎么安排？

> 我想去姥姥家玩，想去夏令营，想去……

哥一起捉鱼、掏鸟蛋、学游泳，再也不做旱鸭子。

嗯，还可以和同学一起去参加夏令营，看花、看草、爬山，学习各种有趣的知识。

还可以……

想了一会儿，豆豆正想将自己的计划告诉妈妈，妈妈却先开了口。

"我咨询过你们白老师，你的成绩在班里只能算是中游，语文和数学成绩不错，英语成绩却不理想，总是在及格线上徘徊。所以，妈妈就想着，暑假给你报个英语补习班，补补课，把成绩提上来，你觉得怎么样？"

"我不……"豆豆下意识地就要反对。

没等他把话说完，妈妈又说："你先别急着反对。妈妈给你分析分析啊，英语是一项很实用的技能，学好了英语不仅……"

之后，妈妈又一二三四五地分析了很多，豆豆却满心沮丧、毫无兴趣，听着听着，不知不觉就睡着了。

智慧锦囊

世间话题千千万，能聊的东西万万千。家长与孩子从来都不是真的"无话可说"，只不过是家长下意识地忽略了孩子的意见和想法，不愿也不曾和孩子聊聊他感兴趣的话题，只一味地想让孩子听自己的安排。久而久之，孩子自然会抗拒，甚至厌烦和家长沟通。

好好说话是一门学问

一提到"亲子沟通困难"的问题，很多家长都会下意识地归咎于孩子。诚然，孩子相对敏感的性格、不成熟的价值观和青春期的叛逆确实会给亲子沟通带来一定的阻碍，但这并不是亲子沟通困难的主因。亲子沟通困难最主要、最常见的原因还是家长不会和孩子好好说话。

📝 沟通故事

男孩放学回家，随手把书包扔在沙发上，拿起果盘里的苹果，大口啃起来。

妈妈见了，眉头紧蹙，忍不住提醒："成成，吃东西之前要洗手。"

"知道了。"男孩漫不经心地应了一声，继续啃苹果。

"我说，吃东西之前要洗手，你没听到吗？"这下，妈妈生气了。

"听到了。"男孩抬起头，有些疑惑地看向妈妈。

"听到了，你为什么不去洗手？"妈妈板着脸，很不高兴地问。

男孩愣了一下，然后举起手中吃了一半的苹果，解释说："您不是让我吃之前洗手吗，我都吃一半了，再去洗也没用了啊。下次，下次吃东西之前我一定洗手。"

> 儿子，吃东西之前要先洗手。

> 知道啦。

听了男孩的话，妈妈当场就炸了："胡搅蛮缠！强词夺理！你给我去洗手，现在就去！听没听到？"

"我不去。"男孩不高兴了。

"不去你就别吃！"妈妈寸步不让。

"不吃就不吃！"闻言，男孩也来了脾气，直接把苹果扔在地上，气冲冲地回了自己房间。

> 赶紧去洗手，不洗就别吃。

> 不吃就不吃，哼！

📖 故事启迪

好好说话不仅是一种修养，也是一门学问。

家长在和孩子沟通的时候，如果能做到好好说话，自然事半而功倍。否则，事倍而功半。

好好说话，说难也难，说简单也简单，首先要做到心平气和。

唯有家长把心态放平，用平等、尊重的态度去和孩子聊天、交心，才能真正解决问题。相反，如果家长本身心态就没摆正，说不了两句就开始彰显家长的威权，满口"大道理"，无数"你应该"，孩子怎么可能不厌烦？

别的不说，就说成成妈妈吧。她关心儿子，让儿子讲卫生、吃东西之前洗手，这当然没错，但是，在提醒之后，她还强硬地要求儿子马上去执行，在儿子保证"下次一定洗"之后，还咄咄逼人、寸步不让，非让他"马上去洗"，这就是典型的矫枉过正了。

须知，凡事都应适可而止。否则，即便初衷是好的，沟通、处理的方式不对，也会把事情弄得一团糟。

所以，亲爱的家长，请记住，孩子也有自己独立的思想，不可能对你的所有要求和教导都言听计从。

在和孩子沟通的时候，你应该提前想到他／她可能不配合、可能会"出幺蛾子"。出了状况不可怕，请放平心态，慢慢和孩子沟通。即便不行，也请你务必好好说话，不要针锋相对，不要张口就指责。否则，很容易激化矛盾，把小事变成大事、小冲突变成大矛盾。

举一反三

陶陶玩皮球的时候不小心把妈妈最喜欢的花瓶打碎了，很害怕。

傍晚，妈妈下班回家，看到碎了一地的花瓶，就问陶陶："儿子，花瓶是你打碎的吗？"

陶陶想要点头，但犹豫了一下，还是摇了摇头："不是我。"

听了陶陶的回答，妈妈并没有多说什么，反而关心地问："你有没有被花瓶的碎片划到？"

"没有。"陶陶再次摇头，"妈妈教过我，碎片玻璃、带尖的东西不能碰，我都记着呢。"

"很好，我儿子真乖！"妈妈大声表扬道。

之后，妈妈麻利地收拾了花瓶的碎片，拖了地，又去查了客厅的监控，发现花瓶就是陶陶打碎的。

不过，妈妈并没有批评陶陶，而是把陶陶叫到身边，聊了几句，然后问他："儿子，妈妈以前给你讲过'狼来了'的故事，你还记得吗？"

"记得！"陶陶回答，"有

> 陶陶，花瓶是你打碎的吗？

> 不，不是我。

个小孩总是骗人说'狼来了',说的次数多了,等真有狼来了,大家就不信……"

陶陶给妈妈复述着"狼来了"的故事,越说声音越低,最后,他有些不好意思地对妈妈说:"妈妈,对不起,我错了,我不该撒谎,花瓶是我玩皮球的时候打碎的。我不是坏小孩,你别不信我。"

闻言,妈妈笑着摸了摸陶陶的头,和蔼地说:"儿子,你很诚实,妈妈永远都相信你。"

妈妈,我不是撒谎的坏小孩,我承认,花瓶是我打碎的。

陶陶,你是个诚实的好孩子,妈妈为你感到骄傲。

智慧锦囊

　　没有哪个孩子天生就抗拒沟通。只要家长愿意放下架子、好好说话,对孩子多些耐心、少些指责、多关心、多用心、不过度操心,能心平气和地和孩子说话,对孩子循循善诱,亲子沟通就不再是难题。

不要总把"为你好"挂在嘴边

🎓 **思考时刻**

　　有哪个父母不爱自己的孩子呢？俗话说："养儿一百岁，长忧九十九。"很多时候，父母管束孩子、唠叨孩子确实是出于关心，但这种"为你好"式的关心对孩子来说往往都意味着强迫与负担。所以，如果你想和孩子好好沟通，就不要总把"为你好"挂在嘴边。

📝 **沟通故事**

　　早上五点，天刚蒙蒙亮，妈妈就起床为媛媛准备早餐。

　　一碗黏稠香浓的小米粥、两个软软的小花卷、一颗煮熟的柴鸡蛋、一个胖乎乎的海参，营养又美味。

　　七点，媛媛洗漱完，准时坐到餐桌边，看着桌上热气腾腾的食物，忍不住苦了脸。

　　"妈，你做太多了，我根本吃不下。"

　　"不多，哪里多了。你还小，正是长身体的时候，营养一定要跟上。"妈妈笑眯眯地说，边说还边催促："快吃，趁热吃，再不吃就凉了。"

　　媛媛没办法，只能拿起筷子，开始吃饭。

　　"妈，我能不吃这个海参吗？"

　　"不能！"妈妈摇头，"海参是

> 媛媛，快来吃早餐。

> 妈，你做太多了，我有十个肚子都吃不下。

海中的珍品，特别有营养。听话，妈妈都是为你好，又不会害你。乖乖，一定要把海参都吃掉。"

唉！听妈妈这么说，媛媛叹了口气，捏着鼻子，像吃药一样把海参吃了。

吃完后，她拿起书包，匆匆跑出家门，走到半路，媛媛就开始恶心反胃，呕了两声，难受地吐了。

> 乖，听话，妈都是为你好，多吃海参，补充营养，长得快。

> 好吧，我吃。

> 啊啊啊，我不要吃海参，每次吃了都会吐！

故事启迪

不知道从什么时候起，"为你好"成了家长的口头禅。

报补习班，是"为你好"；报兴趣班，是"为你好"；没收漫画、没收手机、翻看日记，是"为你好"；不许和XXX交朋友、不许吃XX、必须吃XX、出门要戴帽子、九点前必须回家、不能去河边玩、不许……，全都是"为你好"！

诚然，作为家长管这管那，不许这样，不让那样，本意确实是为孩子好。可是，这种"好"，从某种意义上来说却是单方面的、强势的、自以为是且不容反对的。

家长们的逻辑永远都是"我是为你好"，所以你必须接受、必须服从、必须照做。你现在不懂我的"苦心"，埋怨我、怪我，等你长大了，经历得多了，懂事了，肯定会感谢我。

但这种"为你好"的逻辑，本身就是一种强盗逻辑，是以爱为名、以关心为名，对孩子的过度掌控与意愿强加。

扪心自问，在你自以为是地为孩子安排这、计划那的时候，有没有问过孩子的想法？有没有真的关心过孩子喜欢什么、不喜欢什么？

想要什么、不想要什么？

没有吧？

既然如此，你又凭什么堂而皇之地把"为你好"挂在嘴边呢？凭什么认为自己所做的一切真的会对孩子好呢？

举一反三

"五一"假期，爸爸准备开车带白果和妈妈去海边旅游。没想到，被堵在了半路上。

"滴滴滴……"

爸爸一遍又一遍地按着喇叭，催促前面的车快走。

妈妈不断地安抚爸爸："别着急，再等会儿。假期嘛，哪有不堵车的。"

"爸爸，妈妈，要不咱们回家吧。"白果小声提议。

"不行！"爸爸断然拒绝。

"白果啊，耐心些，不着急，天黑之前，咱们肯定能到海边。"妈妈柔声劝说。

"哦。"白果有些沮丧地应了一声。

"你那是什么表情？不想去？"看到白果沮丧的小脸，爸爸不高兴了："要不是为了你，我和你妈妈能出来受这个罪吗？"

"和我有什么关系？"白果不服气，"不是爸爸要看海吗？"

"白果！不许这么和爸爸说话！"闻言，妈妈不赞同地摇

你那是什么表情？不想去海边？我巴巴地开车出来，为的是谁，还不是为你？

你说是就是吧。

摇头，说道："爸爸妈妈还不是为你好，想趁着假期带你出来看看大海、开开眼界、亲近下大自然。否则，我们在家待着看电视睡懒觉不好吗？"

听了妈妈的话，白果委屈极了，忍不住反驳："可是，我不喜欢海，不想去看海！我想去欢乐谷，玩大摆锤、海盗船、过山车！"

"想去欢乐谷，你为什么不早说？"爸爸生气地质问。

"你们都没问我，我怎么说？"白果反问。问完，忍不住哭出了声。

闻言，爸爸妈妈尴尬地低下了头。

你想去欢乐谷，为什么不早说？

白果，你这样不对，爸爸妈妈都是为你好，想带你出去长见识。

我也想说，你们问过我吗？

智慧锦囊

以"为你好"的名义，要求和管束孩子，从本质上来说就是一种"亲情绑架"。所以，睿智、善沟通的家长从不说"为你好"，只会问"好不好"，凡事都和孩子有商有量，积极征询孩子的想法和意见。

你以为的和孩子感受到的不一样

🎓 **思考时刻**

一块榴莲，有人觉得香，有人觉得臭；一件衣服，有人觉得美，有人觉得丑；一件事，有人觉得对，有人觉得错；不同的人，想法不同，价值观不同，看问题的角度不同，在同一情境下，感受自然也不同。很多时候，家长以为的和孩子感受到的就完全不一样。

📝 **沟通故事**

北方的秋日，似暖实寒，空气中不知不觉已微微带了几分凉意。

盈盈妈妈怕女儿冻着，早早地就把秋衣秋裤都找了出来，洗好熨好，悄悄地放在女儿的床头。

可让妈妈没想到的是，第二天盈盈却没穿。

"盈盈，天气凉了，把秋衣秋裤穿上。"妈妈提醒道。

"我不要！"盈盈摇头拒绝。

"听话，快把秋衣秋裤穿上。"妈妈脸色沉了沉。

"不要，我不穿！"盈盈再次拒绝。

这下，妈妈生气了，板起脸，命令道："穿上！李盈盈，你给我赶紧穿上！"

盈盈没搭理妈妈，自顾自地背着书包去了学校。

盈盈走后，妈妈心里委屈，忍不

> 盈盈，天凉了，妈妈特意为你准备了秋衣秋裤，快穿上。

> 我不要！

住向爸爸抱怨："我不是怕她冻着吗，她怎么就那么不听话，非和我对着干。"

与此同时，盈盈也满脸委屈地给爸爸发了微信："我妈太专制了，非让我穿秋衣秋裤。现在谁还穿秋衣秋裤，丑死了，同学们知道了肯定会笑我。"

> 我是为了谁，不都是为了她吗，怕她冻着，怕她着凉，她怎么就不领情？

> 孩子有孩子的想法。

故事启迪

妈妈怕盈盈冻着，让她穿秋衣秋裤，有错吗？当然没错！只不过，表达方式有些欠妥当。

首先，她没有事先和女儿沟通，告诉女儿天凉了，妈妈担心你冻着，你把秋衣秋裤穿上，这样对身体好。

其次，在女儿明确表示不愿意穿之后，她的处理方式不是动之以情，让女儿明白自己的心意，反而是命令式的强迫。

妈妈理所当然地以为，女儿能领悟自己的苦心、感受到自己的关心，可实际上在盈盈眼中，妈妈就是个"独裁者"，又专制又蛮横，总是逼着自己做不喜欢的事情，明明都说了不穿，还非让自己穿，又烦又讨厌。

盈盈错了吗？以孩子的立场来说，也没错啊！

两个人都没错，可母女关系却变得又紧张又糟糕。这是为什么？说到底，还是彼此沟通失败，或者说情感认知错位。

类似的事情，在现实生活中还有很多很多。

你以为孩子很开心，其实孩子委屈得想哭；你以为你是在关心孩子，孩子感受到的只是你的"烦人自私"；你以为孩子冷了，孩子其实很热；你以为孩子应该喜欢吃苹果，但他／她其实最喜欢吃香蕉。

是所有的孩子都不懂事、都任性、都不理解家长的苦心吗？

不是的！

每一个孩子都是好孩子！之所以难以沟通、不听话，不过是家长用错了方式、忽略了孩子真实的想法和感受。

举一反三

周末，小旭正准备出门，妈妈叫住他，递给他一顶灰色的帽子。

"外面风大，把帽子戴上，免得受凉。"妈妈嘱咐。

"我不戴。"小旭摇头拒绝。

"为什么不戴呢？"妈妈没有强求，反而疑惑地询问道。

小旭看了看妈妈，指着帽子，有些嫌弃地说："这个帽子太丑了，不好看。"说完，还偷偷瞄了瞄妈妈的脸色。

出乎意料的是，妈妈没生气，也没反驳，而是笑着打量了几眼帽子，然后点点头："你说得没错，这个帽子确实不好看。戴上它，有损我儿子的颜值。"

儿子，你为什么不愿意戴帽子？

这个帽子太丑了。

"嘿嘿……"妈妈的话，把小旭逗乐了。

"那这样，小帅哥，为了防止你被风吹感冒，咱们不戴这个，换一个漂亮的，怎么样？"妈妈想了想，再次开口。

"这个……行吧。"小旭点点头，"不要这种帽子，也不要灰色的。我一会儿要去和同学打球，这种帽子有帽檐，碍事，还丑。"

"没问题，那咱们就戴毛线帽，软软的，不遮视线。浅黄带白纹的那个怎么样？"妈妈从善如流。

"可以，那个不难看。"小旭点头，表示赞同。

很快，妈妈就给小旭找来了黄色的毛线帽，小旭戴上，高高兴兴地出了门。

不错，不错，戴上这顶帽子，我儿子更帅了！

嘿嘿，我也这么觉得。谢谢妈妈。

智慧锦囊

有一千个问题就有一千零一种解决办法。面对亲子沟通的困境，家长要做的不是敷衍塞责，而是自我反思，不要想当然，自以为孩子如何如何，而是要努力了解孩子的真实想法和感受，积极引导、耐心沟通，就像小旭妈妈那样。

学着和孩子做朋友

哪个做家长的不盼着能和孩子无话不谈呢？可日常生活中，大多数家长和孩子都无话可谈。为什么会这样？一个很重要的原因是：家长没有摆正自己的位置！家长总习惯把自己的意志、想法、地位凌驾于孩子之上。实践表明，要想和孩子有效沟通，家长最先要做的就是放下架子、摆正位置、和孩子做朋友。

📝 沟通故事

最近几天，毛毛的心情很差，经常一个人坐在窗前发呆，有时候晚上还会偷偷地哭。

妈妈很着急，拉着毛毛问了好几次："毛毛，你怎么了？有什么不开心的事吗？"可是每次毛毛给出的答案都是"我很好""没事。"

没办法，妈妈只能祭出"杀手锏"——"小云朵"。

"小云朵"是妈妈用新手机注册的 QQ 号，也是毛毛在网上最好的朋友。

毛毛一直以为"小云朵"是和自己一样的小学生。

果然，"小云朵"问了之后，毛毛说了实话："好朋友李东转学走了，我很难过。"

> 毛毛，你最近怎么了，遇到什么不开心的事了？

> 妈妈，我很好，没事。

找到原因后，妈妈用"小云朵"的身份安慰了毛毛很久，还对他说"没了李东，你还有我，我们永远都是好朋友"。

有了"好朋友"的安慰，毛毛的心情慢慢变好，没过几天，脸上又重新绽放了笑容。

你最近怎么了？好像很不开心。

李东转学走了。他是我最好的朋友。呜呜。

故事启迪

在孩子的世界中，所有人都扮演着截然不同的角色。

毫无疑问，家长和孩子的关系是最亲、最近的。然而，这种亲近，往往掺杂着敬畏，甚至惧怕。

受传统文化的影响，绝大多数的中国家长会下意识地在孩子面前树立一个高大、威严的形象。然而，家长太威严、太高大了，就会让孩子产生距离感，不愿和家长交心。

试问，你平时工作，会和高高在上、可敬、威严的领导聊八卦、吐苦水、侃大山吗？

不会吧！

要聊八卦、话家常、说心事，你肯定会找自己的发小、闺蜜、要好的同事或朋友。

领导，汇报汇报工作还行，其他时间还是敬而远之吧。

你面对领导的心态、表现，和孩子面对你的心态、表现，其实是一样的！

孩子不愿和你交心、不想和你沟通，有时候是不好意思，有时候是害怕，有时候是太在意。

总之，对孩子来说，"威严如你""高高在上如你"，实在不是什么理想的沟通对象。

就像毛毛，他有了烦恼，会下意识地瞒着妈妈，却不会隐瞒好朋友"小云朵"，有什么话都会和"小云朵"说。

所以，要想让孩子对你敞开心扉，你就必须先改变自己在他/她心中的形象和定位，让自己变得亲切、温柔、平易，不再那么威严，不再高高在上，反而像个有趣且贴心的大朋友。

举一反三

周六下午，爸爸出差回家，远远地就听到家里传来阵阵喧闹声。

打开家门一看，8岁的大儿子皮皮正穿着用废纸壳做的"铠甲"、拿着玩具"激光枪"和6岁的弟弟牛牛"大战"。

看到爸爸回来，皮皮吓了一跳，放下枪，有些胆怯地喊了一声："爸爸。"

但出乎皮皮预料的是，看到儿子在"胡闹"，爸爸并没有生气，反而笑眯眯地问："在玩什么？星球大战吗？看你这身铠甲，像是大黄蜂啊。"

"才不是，我是擎天柱，"皮皮反驳，"牛牛才是大黄蜂。"

"擎天柱和大黄蜂不是一个阵营的吗？你俩咋打起来了？"爸爸换好拖鞋，放下行李箱，好奇地问。

见爸爸没生气，皮皮的胆子大了起来，煞有其事地解释说："我俩都不想扮演反派。而且队友也能切磋啊，我们这是切磋，

> 呃……这个……爸爸……你……我……

> 在玩什么？星球大战？你扮演的是大黄蜂吗？

对，切磋。"

"都不想扮反派，那爸爸来扮怎么样？我小时候也喜欢变形金刚，看过好多遍，最喜欢扮演反派霸天虎。"爸爸说道。

"真的？那太好了！"皮皮欢呼。

之后，三人呼呼哈嘿地玩了一个多小时，爸爸才有意无意地问皮皮："你作业写了吗？你妈回来后可是要检查的，如果发现你没写，我保证，他会比霸天虎可怕十倍。"

"啊？"

听了爸爸的话，皮皮先是一愣，而后小脸一垮："啊啊，我数学作业还没写完，这就去写。"说完，急匆匆地跑向自己的卧室。

见状，爸爸忍不住扬了扬嘴角。

> 你作业写了吗？妈妈回来可是要检查的。如果没写，妈妈可比霸天虎可怕。

> 啊！啊！糟糕！我忘了！我这就去写！爸，你一定要帮忙拖住我妈啊！

智慧锦囊

和孩子做朋友，站在"朋友"的角度去和孩子沟通，沟通效果比说教、命令、唠叨、啰嗦要高一万倍！不过，和孩子做朋友并不是件简单的事情，需要家长用心去做、去思考、去实践，需要有耐心和包容心，而不是单纯地耍耍"嘴把式"。

恶语如刀，刀刀伤人

俗话说："良言一句三冬暖，恶语伤人六月寒。"恶意的、负面的、否定性的语言就像无形的刀剑，刀刀伤人。言语造成的伤害，都是暗伤。没有伤口，不会流血，却深入骨髓，痛彻心扉。所以，家长在和孩子沟通时务必要字斟句酌、审慎言行，切勿发恶语、出恶言。

📝 沟通故事

平时工作繁忙的刘铭今天难得下班早。

回来的时候，儿子果果正在卧室里写物理作业，刘铭就自告奋勇前去辅导。

"爸，这个题怎么做？"儿子指着试卷上的一道大题问。

刘铭拿过试卷，认真看了看，耐心讲解："这道题啊，考的是重力加速度，你做的时候不仅要注意力的方向、速度，还得考虑惯性和加速度。你看，题里说……"

详细讲解一遍后，刘铭问果果："听懂了吗？"

儿子摇摇头："没有。"

"没关系，爸爸再给你讲一遍。"刘铭微微一笑，再次耐心地给儿子讲解。

"听懂了吗？"

第二遍讲完，刘铭又问。

果果用手挠挠脑袋："听明白一点儿。"

"笨死了！"这下，刘铭有点儿急了，但还是强压住火气，说："我再给你讲一遍。"

"这次听懂了吗？"刘铭再次问。

果果低着头，没说话。

"我问你听懂了吗？"刘铭不耐烦地问。

"没……没有。"果果轻声回答。

"还没听懂？你脑袋里装的是浆糊吗？这么简单的题都不懂？我怎么会生出你这么笨的儿子？"刘铭火了，冲着果果大声咆哮，"太笨了！你怎么不笨死？"

听着爸爸的咆哮，果果忍不住向后退了一步，脸色煞白，眼中的亮光慢慢暗了下去，最后，忍不住哭了。

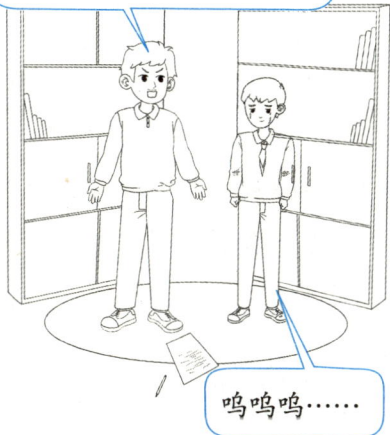

你干脆笨死算了。这么简单的题都听不懂。你脑袋里装的是浆糊吗？

呜呜呜……

📖 故事启迪

不记得是哪位教育专家说过："养孩子就像是渡劫，稍不小心，就会伤人伤己、身心俱疲。"这话，一点儿都没错。孩子可爱起来很可爱，糟心起来也是真糟心，他／她似乎生来就带着一种"点火"属性，时不时地就能让家长原地爆炸。

辅导作业、竞赛、上辅导班、考试……桩桩件件，都能"爆雷"。作为家长，我当然能理解各位家长的辛苦和不易。然而，再糟心、再烦恼、再愤怒，和孩子沟通的时候，我们都要控制好自己的情绪，不能发火、不要咆哮，更不要对孩子恶语相向。

须知，我们情急之下的一句恶语，对孩子而言，可能就是一辈子也无法愈合的巨大伤口。

试想想，如果有人指着你的鼻子，骂你是"笨蛋""蠢猪"，说你"一无是处""做啥啥不行""闯祸第一名"，你会怎么想呢？

会不会愤怒？会不会伤心？会不会憋屈苦闷？

成年人，受伤了，憋屈了，愤怒了，可以想方设法自我开解、自我治愈，但孩子不行！他／她只会默默地流泪、默默地绝望，直到灰心，甚至死心。

诚然，绝大多数家长对孩子都是真爱，吼也好，骂也好，不过是一时没忍住，什么笨啊、蠢啊，并不是真实的想法。可是，孩子不知道啊。孩子很单纯，家长所说的每一句话，他／她都会深信不疑。家长说他／她蠢，他／她就会觉得自己真蠢；家长说他／她无可救药，他／她就会绝望。所以在孩子面前千万别乱说话，尤其注意不能对他／她口出恶言、一味否定。否则，必定追悔莫及。

举一反三

音乐课，老师带着全班同学一起唱《小燕子》，其他同学都拍着手、大声歌唱，只有诺诺独自低着头坐在座位上，不开口。

"诺诺，你为什么不和同学们一起唱歌呢？"音乐老师走到诺诺的座位前，蹲下来，关心地问。

诺诺没说话。

> 诺诺，能不能告诉老师，你为什么不和大家一起唱歌啊？

> 我爸爸说我唱歌难听，让我以后别唱了。

"是嗓子不舒服吗？"老师问。

诺诺摇头。

"那是为什么？"

在老师耐心地劝慰和引导下，诺诺才瘪着嘴、含着眼泪，轻声告诉老师："我爸爸说我唱歌难听，让我以后都别唱了。"

老师觉得诺诺情绪不对，下课后立即打电话联系了诺诺的爸爸，仔细询问爸爸为何会这么说诺诺。

"那天我下班，有个项目要赶。诺诺一直在旁边唱歌，我心里很烦躁，就吼了她，说她'唱歌难听'，让她'以后别唱了'。"接到电话后，诺诺爸爸解释，"我就是一时嘴快，没别的意思。我家诺诺唱歌挺好听的。我真没想到，诺诺会把我的气话放在心上。"

说到这儿，诺诺爸爸忍不住叹息连连、后悔不已。

> 诺诺爸爸，你这样是不对的，你的话就像一把刀，已经伤害到诺诺了。

> 都怪我，我那天忙工作，听孩子唱歌烦，就吼了她。

智慧锦囊

孩子对家长的爱与信任是与生俱来的。家长的否定、指责、贬低对孩子的伤害最狠、最深。所以，家长一定要记住，无论什么时候，都不要对自己的孩子恶语相向。

合适的切入点很重要

　　哪个孩子没有分享欲呢？之所以拒绝开口，也许并不是不愿开口，而是不知道怎么开口、从哪儿开口。这时候，找到一个合适的切入点就变得非常重要了。切入点，就像引玉的砖、钓鱼的饵、泄洪的闸口，只要找对了，就能让亲子沟通变得既快乐又高效。

📝 沟通故事

　　吃晚饭的时候，妈妈笑着问萌萌："今天在学校过得怎么样？"

　　萌萌扒拉了两口饭，想了想，回答说："还行。"

　　妈妈又问："上课都学了什么？"

　　萌萌皱了皱眉，回答："没学什么。"

　　妈妈继续问："和小朋友玩得开心吗？"

　　萌萌："还行。"

　　说完，萌萌放下碗筷，告诉妈妈："我吃完了"，然后回了自己房间。只留下妈妈一脸尴尬和无趣地坐在桌边。

　　第二天，苦恼的萌萌妈妈给老师打了电话。

　　"李老师，你说，我家萌萌怎么就不爱和我说话呢？聊上两三句，就没话说了。"电话中，萌萌妈妈大倒苦水。

老师给萌萌妈妈出了个主意："您以后别问孩子'过得怎么样''学了什么'这类问题，问题太笼统了，孩子不知道怎么回答。您可以问一些比较具体的问题。"

萌萌妈妈听后，若有所思。

傍晚，萌萌放学回家，妈妈换了种聊天方式和她聊天。

妈妈笑问："萌萌，今天午饭吃的什么？"

萌萌立即回答："西红柿炒蛋和茄子。"

妈妈又问："你喜欢吃西红柿还是茄子？"

萌萌大声回答："西红柿！西红柿甜甜的。"

妈妈笑："那明天妈妈也给你做西红柿炒蛋，多放西红柿。"

"好呀好呀，"听妈妈这么说，萌萌的眼睛一下子就亮了，主动跑到妈妈身边，叽叽喳喳地继续说，"妈妈，我要吃那种红红的、小小的西红柿，我……"

你喜欢吃西红柿还是茄子？

我爱吃西红柿，西红柿甜甜的，特别好吃。

📖 故事启迪

很多时候，不是孩子不愿意和你说话，而是你没有正确地引导孩子，没找到和孩子沟通的正确方式！

须知，孩子的思维方式、理解能力、行为逻辑和家长是不一样的。孩子理解不了太复杂的概念，也不知道该怎么回答过于笼统的问题。

因此，家长在和孩子沟通的时候，一定不能用笼统、复杂、拐弯抹角的表达方式，有一说一，有二说二，是红的就说红的，是白的就说白的，务必做到说话简单、直白、具体。

就像故事中的萌萌妈妈。

以前，她关心孩子，总是问"在学校怎么样？""和小朋友相处开不开心？""上课学了什么？"这些问题，太笼统了，太宽泛了，答案有很多。可是，正因为答案多，所以年幼的萌萌才不知道该怎么回答。

等妈妈请教了老师，换了一种方式和女儿交流，把"在学校怎么样？"换成了"中午吃什么菜？"之后，根据女儿的回答，再进一步细问、延伸，母女俩之间的话匣子一下子就打开了。

类似的问法，还有很多。比如，把"和小朋友相处开不开心"这种问题，换成"和李晓丽相处开不开心""有没有和楠楠成为好朋友"；把"上课学了什么"，换成"绘画课上画了什么画""音乐课上唱了哪首歌"。如此这般，换一种聊天方法，沟通起来就会简单和顺畅许多。

举一反三

周末，爸爸妈妈计划带玲玲出去玩。

妈妈问："闺女，周末你想去哪玩儿？"

玲玲茫然地摇摇头："不知道。"

妈妈不高兴了："怎么能不知道呢？仔细想想。爸妈这周有时间，正好带你出去转转。"

玲玲苦着脸想了一会儿，还是摇头："我真不知道。"

闻言，妈妈正要发火，爸爸走了过来，摆摆手，让妈妈少安

> 爸妈带你出去玩，你怎么能不知道要去哪？

> 我真不知道。

毋躁。

"闺女，告诉爸爸，你喜欢去看风景，看古建筑，还是喜欢去看展览？"爸爸坐在玲玲身边，温和地问。

"我喜欢看风景。"玲玲回答。

"那你喜欢看什么风景？花草树木、山川大海、小动物、植物？"爸爸又问。

"我喜欢大海，海上日出特别漂亮。"玲玲兴奋极了。

"行，周末咱们就去看海。"爸爸说。

"耶！爸爸万岁！"玲玲欢呼。

智慧锦囊

在和孩子沟通的时候，一定要有的放矢，尤其问问题时，最好有明确的时间、地点、人物，或者提供几个选项供孩子选择。但注意，选项不能太多，太多了容易误导孩子，一般情况下，有两三个、三四个选项就行了，最多不能超过五个。

投其所好，和孩子聊聊他喜欢的事

🎓 **思考时刻**

投其所好是亲子沟通的必备法宝。

每个孩子都有自己的爱好，有的孩子喜欢绿色、喜欢大自然，有的孩子喜欢阅读、写作，有的孩子喜欢唱歌、跳舞，有的孩子喜欢游戏、动漫……投其所好，和孩子多聊聊他/她喜欢的事，能迅速拉近彼此之间的距离，让沟通事半功倍。

不过，投其所好也要讲方法，不然可能会弄巧成拙。

📝 **沟通故事**

平平是个内向的男孩，性格腼腆，不爱说话，唯一的爱好就是看动画片。

为了多了解儿子，增进和儿子的关系，这天，爸爸投其所好地和平平聊起了动画片。

"儿子，爸爸小时候也挺爱看动画片的，咱俩交流交流。"爸爸提议。

"好啊。"平平点头。

"你喜欢看什么动画片？"爸爸问。

"《火影忍者》《海贼王》《境·界》还有名侦探柯南。"平平回答。

"啥？忍者？忍者是什么？"爸爸一听，急了，"还有海贼？海贼不就是海盗吗？儿子，你怎么能喜欢海

儿子，你看什么动画片呢？

海贼王。

什么？《海贼王》！海贼都是大坏蛋，儿子，你是乖孩子，不能看这个。咱看《黑猫警长》吧。

气死了，爸，你不懂就别乱说。

盗？这不行！咱得守法，做个好人。听爸爸的话，以后别看这种乱七八糟的东西了。"

"爸，你不懂，路飞虽然是海贼，但他不坏，他……"平平争辩。

"海贼哪有不坏的？你可别被骗了！"没等平平把话说完，爸爸就大声打断了他的话，"这样，以后你要看动画片，爸爸陪你看，咱们一起看葫芦娃和黑猫警长。"

平平皱眉："您还是自己看吧。"说完，平平转身离去。

故事启迪

平平爸爸的初衷是好的吗？毫无疑问，肯定是好的。他想了解平平、想拉近和平平的距离。可是，很明显，他的做法并不妥当。

投其所好，最关键的就是"投"。

怎么投？

首先，你得了解和确定孩子的喜好和兴趣点。看他/她是喜欢唱歌、喜欢跳舞、喜欢探索大自然还是喜欢动漫、游戏。

一般来说，这一步很容易就能做到。

其次，你得用心去学、去了解孩子的这个"好"。

就说平平爸爸吧，他知道平平喜欢动漫、爱看动画片，所以，主动投其所好，和平平聊动画片。

然而，他并不了解孩子们普遍都喜欢什么动画片，对一些耳熟能详的动画片也缺乏了解，甚至有很多误解。在他眼中，动画片就是《黑猫警长》《葫芦娃》《哪吒闹海》。如此，父子俩虽然是在聊同一个话题，实际上却是鸡同鸭讲，根本不在一个频道上。

这样的投其所好，太刻意、太空泛、太没诚意，倒不如不投。

换个简单点儿的说法，你想投其所好地和孩子聊某个话题、某件事、某种兴趣、某种活动，你首先得对它有所了解，你得懂，知道它是什么、怎么样，如此，才能顺利地和孩子聊下去。否则，只会引起孩子的鄙夷、不耐烦与反感。

举一反三

9岁的小雪最近迷上了剪纸。

一张纸，从不同的角度去勾勒、去剪裁，就能剪出不同的图案。

有山，有水，有花，有鸟，有人物。

剪纸，仿佛是在塑造全新的世界，太神奇、太好玩了。

每天，只要有时间，小雪就宅在家里，剪来剪去。这下原本就话少的她，和爸爸妈妈更没话说了。

为此，妈妈非常苦恼。

怎么办呢？

想来想去，妈妈决定投其所好。

既然小雪喜欢剪纸，那就从剪纸入手好了。

于是，妈妈花了半个月的时间上剪纸课、看和剪纸相关的视频，学习剪纸的方法、技巧，了解和剪纸艺人相关的故事、传说。等了解得差不多了，妈妈才去找小雪聊天谈心。去的时候，她还带上了各种

小雪，来吃水果，妈妈新买的葡萄，可甜了。

我不吃了。

剪纸工具。

听妈妈讲着各种自己不知道的剪纸故事，看着妈妈用剪刀剪出各种好看的剪纸图案，小雪又羡慕又崇拜，连忙向妈妈请教。

那天，母女俩聊了很多很多。之后，小雪更是每天都围着妈妈转。

"妈妈，妈妈，这个小兔子怎么剪？"

"来，妈妈教你。"

"妈妈，妈妈……"

有了"剪纸"这个共同话题，小雪和妈妈的关系变得越来越好。在妈妈的引导下，小雪不仅学会了很多剪纸的技巧，性格也变得越来越阳光、大气，每天脸上都带着笑容。

妈妈，妈妈，这个小兔子怎么剪？快教教我。

不急，先吃个橙子，吃完妈妈慢慢教给你。

智慧锦囊

投其所好，不仅要会投，还要用心。家长只有真正了解孩子的兴趣、爱好，才能通过爱好和孩子产生共鸣，进而和孩子拉近距离、增进感情，对孩子进行正确引导。

第二篇
高情商，巧沟通

在很多人的固有印象中，沟通就是两个人或者多个人之间对话，其实不是。

从本质上来讲，对话只是最常见的一种沟通形式，沟通不仅是对话，还是交流、是互动，是人与人之间思维、情感、情绪的互动。因此，在日常沟通，尤其是亲子沟通过程中，家长们不仅要注意话术，还要锤炼情商。唯有情商高、说话巧、能够把话说到孩子的心坎里，才能让亲子沟通变得既愉快又高效。

别武断，先听听孩子怎么说

倾听是亲子沟通的前提。

家长不是孩子肚子里的蛔虫，不懂读心术，遇到问题了、和孩子沟通不畅了、想探知孩子的真实情绪和意愿了，最好、最直接的方法就是听孩子说。不倾听就不了解，不了解、不清楚，家长怎么和孩子沟通？想当然？凭着自己的经验和感觉瞎猜乱碰？显然不行！

📝 沟通故事

小鱼今天和同学大壮打架了。

接到班主任齐老师打来的电话，小鱼妈妈立即放下手头的工作赶往学校。

妈妈到的时候，小鱼坐在办公室的凳子上，噘着嘴，看上去有些沮丧。

"妈妈！"

见到妈妈，小鱼立即站了起来，瘪着嘴，扑到妈妈怀里，委屈地哭了。

妈妈拍着小鱼的背，低声安慰小鱼。等小鱼不哭了，才蹲下身，注视着小鱼的眼睛，问："能不能告诉妈妈，你为什么和大壮打架？"

"大壮往我鼻子上贴鼻

> 小鱼，能不能告诉妈妈，你为什么和大壮打架？

> 大壮坏，往我鼻子上贴鼻子。

子。"小鱼很认真地回答。

鼻子上贴鼻子？妈妈没听明白，于是说："妈妈没听明白，小鱼能给妈妈具体讲讲吗？"

"好！"

"上绘画课的时候，我借了大壮的绿色铅笔，下课的时候我去还铅笔。"小鱼哽咽着讲述，"大壮去上厕所了，没在，我就把铅笔放在他桌子上了。"

"那你把还铅笔的事告诉大壮了吗？"妈妈问。

"告诉了。"小鱼点头，"可是，铅笔不见了。大壮说我撒谎，用橡皮泥做了长鼻子往我鼻子上贴，呜呜……"说到这里，小鱼忍不住又哭了。

"所以，你就和大壮打起来了？"

"嗯嗯，谁让他冤枉我。"小鱼倔强地抬头，说道。

"好的，妈妈知道了。"了解了事情的经过后，小鱼妈妈找到了班主任和大壮的家长，说明原委。班主任调看了教室里的监控录像，发现小鱼确实还了铅笔，只是课间同学们打闹的时候撞到桌子，铅笔掉到了地上。

> 我把铅笔放在大壮的桌子上了。

> 你什么时候放的？放完之后有没有告诉大壮？

故事启迪

如果你是小鱼的家长，听说孩子和同学打架了，你会怎么处理？

不分青红皂白地把孩子训斥一顿，指责她"不学好"？还是一味地护犊子，不管不顾地把责任推给对方？

别否认，日常生活中很多家长在处理与孩子相关的事情时，就是如此地简单、武断、不理智。

似乎在家长出现的那一刻，孩子就彻底成了局外人，孩子之间的矛盾也理所当然地转变成家长之间的沟通、协商、博弈、争吵、妥协。

毫无疑问，这种做法是极其错误的！

诚然，并不是所有孩子的事情都能让孩子自己解决。但当有了事情、出了问题，不管怎样家长都要先认真地倾听、了解，不能凭着自己的主观判断来下定论。

在这一点上，小鱼妈妈就做得很好。

在听说小鱼和同学打架之后，她没有一味地偏袒或指责小鱼，而是耐心地倾听小鱼的话，了解打架的原因。

在倾听的过程中，没有急躁，没有打断，没有迫不及待地发表自己的看法，也没有敷衍，她一直在认真地听，时不时地提出问题，把话语权还给了孩子，也尊重了孩子。等切实了解了事情的经过后，才去和老师、对方家长进行沟通、协商，帮助孩子解决问题。

比起她，苗苗妈妈的做法就很不妥当。

举一反三

苗苗最近两周上课总是走神，有时候还会在课堂上睡觉。

老师很担忧，就发微信给苗苗妈妈，希望和她沟通一下。

苗苗妈妈来到学校后，找到苗苗，劈头盖脸地就开始指责："你最近怎么回事？为什么上课睡觉？是不是晚上熬夜看小说了？"

"没有，妈妈，我就是头……"

> 苗苗，你是不是又熬夜看小说了？你这孩子，怎么这么还让大人省心？

> 妈妈，我没有，我只是……

"没有？你就是有！你怎么这么不争气？我和你爸天天起早贪黑地干活，为的是什么，不就是为了让你上个好学校，将来……"

没等苗苗把话说完，苗苗妈妈就噼里啪啦地一顿说，说着说着还哭了起来。

苗苗几次开口想要解释，妈妈都没有听，甚至还觉得苗苗是在狡辩。

最后，苗苗被骂得崩溃了，忍不住大喊："你为什么不能听我把话说完？我失眠、头疼、睡不着觉，好难受！"

听了苗苗的话，妈妈一下子怔住了。

我和你爸爸天天起早贪黑，四点不到就起床，十一点才回家，为的不就是……

你为什么不能听我把话说完？你知道我有多难受吗？

智慧锦囊

　　家长们，请记住，无论什么时候，无论遇到什么事都不要武断，要给孩子说话的机会，要学会做个倾听者，认真听听孩子怎么想、怎么说，听完再决定下一步怎么做。

将心比心，站在孩子的角度思考问题

🎓 思考时刻

　　著名教育学家陶行知先生曾经说过："我们必得变成小孩，才配做小孩的先生。"亲子沟通的方法有许多，其中，最行之有效的一种便是代入。假装自己是孩子，将心比心，站在孩子的角度、用孩子的思维去思考问题。当你真的"成了"孩子，你就会发现，和孩子相处原来如此简单！

📝 沟通故事

　　幼儿园老师给孩子布置了亲子作业：和爸爸妈妈一起做风筝。

　　周末，瑶瑶妈妈开车跑了一上午，专门去买了做风筝的各种工具：硬纸、彩笔、铁丝、风筝线、浆糊等等。

　　爸爸见了，很是疑惑，就问妈妈："你真准备和孩子一起做风筝？傻不傻啊？我在网上网购一个，咱们一起去放就行了。"

　　妈妈却摇摇头："不行，一定要做。不然，瑶瑶会觉得咱们敷衍她、不重视她、不爱她。"

真要自己做啊？我给她网购一个不就行了。

不行，这是亲子作业，不做的话，瑶瑶会觉得咱们不爱她、不重视她。

"有这么严重吗？"爸爸不以为意。

"有！"妈妈郑重其事地点头，"你想想，你小时候，老师让同学和家长一起做树叶贴画，你爸不和你做，你当时是什么感觉？"

爸爸想了想，回答说："那时候我很伤心，觉得爸妈一点都不爱我。"

"所以啊……"妈妈笑。

"我明白了。"

下午，爸爸妈妈和瑶瑶一起卷线、裁纸、画画、绑铁丝、做骨架、忙碌了四个多小时，终于做成了一个风筝。

虽然风筝并不是那么好看，瑶瑶却特别喜欢，拿着它就像拥有了整个世界。做风筝的时候，脸上明媚的笑容就没断过。

> 瑶瑶，你画的是什么？
>
> 花仙子！我要做个花仙子风筝。
>
> 瑶瑶真棒！

做完之后，还主动亲了爸爸妈妈，高兴地大声说："爸爸妈妈，我爱你们。"

📖 故事启迪

很多时候，和孩子沟通、让孩子快乐起来，真的没有你想得那么难！

谁没做过孩子呢？谁不是一点点长大、成熟、懂事、稳重、干练的呢？

所以，亲爱的家长，在和孩子沟通、相处的时候，请不要急躁、不要专制、不要随便下判断，你需要耐心一些。

当你觉得孩子太调皮、太叛逆、太幼稚、太不懂事，甚至不可理喻的时候，请等半分钟再咆哮。在等待的半分钟里，请你将心比心地想一想，如果是小时候的你，遇到同样的事情、同样的问题，你会怎么想？你会怎么做？为什么会这样？如果你的爸爸妈妈呵斥、指责、埋怨、敷衍你，你会有什么反应。

等真正弄清了、想明白了，再继续你的行动。

别的不说，就说故事中的瑶瑶吧，她为什么那么开心？是因为风筝吗？不是！而是因为爸爸妈妈和她一起做了亲子作业，她感受到了爸爸妈妈对她的重视与爱。而这种重视、这种爱，比一千一万个漂亮的风筝、一千一万句"宝贝，我爱你"来得更直观、更实际。

亲爱的家长，别觉得孩子"还小""不懂事"，事实上，他/她们远比你想象的更聪明、更懂事也更敏感。如果你和孩子沟通的时候，做不到将心比心，不愿意把自己当成"小孩"，一直忽略孩子的想法和感受，那么，你就该料到，总有一天，孩子会对你失望、绝望，再也不愿对你敞开心扉。

举一反三

姑姑带着 6 岁的儿子奇奇来做客，妈妈让小豪接待小伙伴。

开始的时候，两个孩子玩得很开心。

玩着玩着却吵了起来。

奇奇拿着一把手工做的小木枪，哭着喊着"我要"，小豪抓着木枪的枪把不愿意给。

小豪妈妈见状，忍不住责备小豪："儿子，别这么小气，不

就是把木枪嘛，奇奇喜欢，就给奇奇吧。回头妈妈再给你……"

"我不要！"妈妈话还没说完，小豪就情绪激烈地反驳道。

妈妈愣了一下，有些生气，可看到儿子倔强伤心的眼神，到嘴边的话又咽了回去。

妈妈仔细看了看那把小木枪，这才发现，那是一年前小豪爸爸和小豪一起动手做的。

因为工作的原因，小豪爸爸常年不在家，能陪儿子的时间极少。

或许，对小豪来说，这把枪不仅是枪，还代表着"爸爸"吧。

这样一想，妈妈的情绪瞬间就缓和了下来，很认真地问小豪："因为枪是爸爸和你一起做的，你才舍不得吗？"

> 小豪，你不愿意把枪给弟弟，是因为它是你和爸爸一起做的吗？

> 是的。

小豪用力点头。

妈妈转过头对奇奇说："这支枪对小豪哥哥很重要，不能送给你。但小豪哥哥可以送你一把漂亮的玩具枪，好不好？"

"好！"奇奇点头。

智慧锦囊

只有站在同一位置、同一高度，从同一个角度去看，才能看到同样的风景。也只有做到将心比心，感同身受，真的把自己代入"小孩"的角色，才能真正了解孩子，顺利和孩子沟通。

把孩子当作平等的沟通对象

📖 思考时刻

日常生活中，绝大多数家长在和孩子沟通的时候都不能平等地对待孩子，总下意识地把自己的地位凌驾于孩子之上，要求孩子"乖""懂事""听话"。正是因为这种不平等，让孩子的被强迫感、不安全感与日俱增。孩子觉得在家长那里得不到应有的尊重，和家长沟通互动的意愿自然也就越来越小、越来越淡。

📝 沟通故事

放暑假了，爸爸妈妈准备给子昂报个课外兴趣班。

"子昂，来，到爸爸这儿来。爸爸问你啊，你想上什么兴趣班？"爸爸和蔼地问。

"能不上吗？"子昂试探着问。

"不能！"爸爸妈妈一齐摇头。

"那……"子昂歪着小脑袋，仔细想了想，然后说，"我想上篮球班。"

闻言，妈妈立即反对，"上什么篮球班啊？不上。打篮球能算兴趣吗？考试又不加分。"

爸爸也附和："妈妈说得对，打篮球没前途，又累又耽误学习，不行，换一个。"

换一个？行吧。子昂不

子昂，来，过来，爸爸问你啊，暑假你想上什么兴趣班？

篮球班吧。

开心地皱了皱眉，说："那吉他班？"

"不行！"这次反对的人是爸爸。

"儿子，爸爸知道你喜欢音乐，但是学音乐没前途。难道等你长大了，要去做流浪歌手吗？"爸爸苦口婆心地分析、劝说，"再换一个吧。"

"好吧，"子昂点点头，语气中已经带着几分不耐烦，"那就围棋班吧。我们班很多同学暑假都学围棋。"

"不行！"爸爸妈妈齐声反对。

"围棋太浪费时间了，也不算特长，我和你说儿子……"妈妈又开始劝说。

这下，子昂情绪爆炸了。

"这也不行，那也不行，那你们还问我干什么，干脆自己决定好了。"说完，子昂气冲冲地跑回了自己房间。

故事启迪

站在同一高度，彼此尊重的互动，叫做沟通；站在不同高度，没有平等、缺乏尊重的互动，不叫沟通，而是命令。

受中国传统教育观念与传统教育思想的影响，孩子天然就处于弱势地位。很多家长，在和孩子沟通的时候，总是理所当然地对孩子说教，让孩子"听话"，要求孩子按照自己说的去做，似乎孩子只是个执行命令的机器，没有自己的想法，也没有自己的情绪。

或许，作为家长的你真的是在为孩子好，也真的为孩子操碎了心。

你苦口婆心、循循善诱，你看上去态度很温和，措辞很谨慎，很照顾孩子的情绪与感受，你觉得自己做得一切都是对的，都是要把孩子引向正确的人生轨道，防止他／她跑偏、跑远、跑上岔路。

可是，亲爱的家长，你要知道，你认为的"正确"对孩子来说不一定就是真的正确；你觉得孩子该开心快乐，孩子不一定就真的开心快乐。

当你自以为"正确"的时候，你就已经错了，已经不再平等，而是把自己高高凌驾于孩子之上。这种俯视的态度、高高在上的姿态，不仅会让孩子反感，还可能让孩子触底反弹、执意走上你最不希望他／她走的路。

所以，不管什么时候，不管孩子年龄有多小，只要他／她有自己的认知、有自己的想法、能自己做决定，作为家长，我们就该站在平等的角度去和他／她沟通，尽可能尊重他／她的想法和选择。

举一反三

妈妈答应莉莉，如果她期末考试能考进前五名，就送她一件她喜欢的礼物。

莉莉考了第二名。

拿到成绩单的第二天，爸爸妈妈就带着莉莉来到了附近的商场挑选礼物。

莉莉就像欢快的小兔，

女孩子哪有玩变形金刚的，莉莉，你该选……

别乱建议，让孩子自己选。

左看看，右看看，各种各样的漂亮衣服、鞋子、文具、玩具，让她眼花缭乱。

不过，让爸爸妈妈意外的是，莉莉逛了半天，没选女孩子喜欢的东西，反而在玩具专柜选了一个最新款的变形金刚。

"女孩子哪有玩变形……"爸爸见了，觉得不妥，正想提醒莉莉，妈妈却拉住了他。

"妈妈，我选好了，就要这个。"莉莉说。

闻言，妈妈俯下身，很认真地问莉莉："你确定要这个变形金刚吗？"

莉莉犹豫了一下，随即点头："我确定。"

"那好，妈妈给你买。"妈妈笑着说。

选好礼物，回到家，莉莉立即跑到哥哥房间，献宝一样把变形金刚送给了哥哥。

智慧锦囊

平等是良好互动的基本条件。家长在日常生活中，一定要学着尊重孩子，用平等的态度对待孩子，尽量尊重孩子的意愿和选择。只有这样，才能和孩子快乐地对话、融洽地相处。

不要说孩子听不懂的话

🎓 思考时刻

  和孩子沟通的第一原则，不是换位，不是耐心，不是倾听，不是找好话题和切入点，而是保证你说的话孩子能够听懂。

  是的，你没看错，就是听懂！如果你说的话，孩子连听都听不懂，那么，无论你说得多好、多妙、多有道理，最后也不过是鸡同鸭讲、徒劳无功。

  所以，亲爱的家长们，请记住，用孩子听得懂的话和他/她沟通，这很重要，非常重要！

📝 沟通故事

  九月金秋，天高气爽，最适合野炊。

  周末，6岁的澜澜和爸爸、妈妈、爷爷一起去郊外的胡杨林野炊。

  胡杨林的风景非常漂亮，林边清亮的小河里还能看到各种小鱼小虾。

  爸爸妈妈架起烧烤架，乐呵呵地一边聊天一边烧烤。

> 咳咳……澜澜，先贤教导我们说"孝子之至，莫大乎尊亲"，你懂不懂？

> 不懂。爷爷，你是想和我一起看《巴啦啦小魔仙》吗？

澜澜疯玩了半天，早就饿了，不一会儿就闻着烤鸡翅的香味跑了过来，迫不及待地拿起一根烤好的鸡翅膀，刚要吃，就听到坐在不远处的爷爷干咳两声，非常严肃地说："澜澜，先贤孟子曾经教导我们'仁之实，事亲是也''孝子之至，莫大乎尊亲'。"

啊？仙仙？梦子？人？知之，什么尊亲？

爷爷的话，直接把澜澜搞糊涂了。她举着烤鸡翅，歪着头，想了好半天，才"恍然大悟"，问道："爷爷，你是不是要和我一起看《巴啦啦小魔仙》？"

"哈哈哈……"听了澜澜的话，爸爸妈妈全都忍俊不禁、笑出了声，爷爷则不明所以。

"什么小魔仙？爷爷是告诉你要尊亲、要孝顺。"

孝顺？什么是孝顺？

澜澜不解地看向爷爷。

"闺女，爷爷年纪大了，容易饿，有了好吃的，你要先给爷爷吃。这就是孝顺爷爷了。"妈妈笑着给澜澜解释。

好，好，澜澜真乖。

"哦！我明白了。"澜澜点头，然后蹦蹦跳跳跑到爷爷身边，递上烤鸡翅："爷爷，我孝顺你，你吃。"

爷爷，我孝顺你，鸡翅给你吃。

📖 故事启迪

一个不可忽略、不可否认却经常被家长们忽略的事实是：孩子的心智、学识、修养、理解能力、思考能力和成人是不一样的。

孩子的很多想法，在家长看来是幼稚、简单、混乱、不可理喻的，家长的很多话、很多观点，在孩子眼中也是复杂、严苛、不可理解的。换句话说，孩子和家长之间，天然就存在着错位。

造成错位的原因有许多，最关键的一点就是接受度。

家长们总是习惯性地高估孩子的理解力、认知力、接受度，在和孩子沟通的时候也下意识地延续着平日里和其他人沟通时养成的风格和方式。

可是，成人听得懂的话，孩子不一定听得懂啊。高中生、初中生听得懂的话，小学生、幼儿园的孩子也听不懂啊。

于是，日常亲子沟通中，鸡同鸭讲、对牛弹琴的事情就变得比比皆是。

你觉得孩子听懂了、理解了，会听话，孩子却觉得自己在听天书，云里雾里，一句不懂。

误会、分歧、矛盾、冲突，自然也就接踵而至。

秀才买柴的故事，相信很多家长都听过吧。一个秀才到街上买柴，冲着卖柴的樵夫招呼"荷薪者来"，可没人搭理他。为什么，因为樵夫根本就不知道自己就是"荷薪者"，不知道秀才在叫自己啊。

家长和孩子的沟通，从某种意义上来说，也是这样的。所以，如果家长想要和孩子好好沟通，平日里就得注意自己的措辞，和孩子说话尽量简单、直接、明了，尽量尊重孩子的认知水平，让孩子听懂、听明白。这样沟通才能继续，才会有效果！

昊昊，吃点儿蔬菜吧，蔬菜非常有营养，吃了更健康。

不吃，不吃，我要吃肉肉！

举一反三

5 岁的昊昊非常挑食，吃饭的时候只吃肉，不吃蔬菜。

为此妈妈很着急，常常苦口婆心地劝昊昊："宝贝，你不能不吃蔬菜啊。蔬菜中富含很多人体需要的营养，比如维生素、胡萝卜素，多吃蔬菜，营养才能均衡，才能更健康。"

可是，妈妈劝了很多次，昊昊还是我行我素。

没办法，昊昊妈妈只能向在幼儿园当老师的昊昊的小姨求助。

小姨见到昊昊后，并没有讲大道理，而是笑着告诉他，"蔬菜很好吃"，然后指着餐桌上的蔬菜依次介绍，"红红的是西红柿，特别甜；黄色的是胡萝卜，吃起来咔咔脆；绿色的是菠菜，多吃能长高高。"

昊昊听了，试着夹了两筷子蔬菜吃，之后不久，就改掉了挑食的坏毛病。

昊昊，你看，这个绿绿的是菠菜，多吃菠菜能长高高哦。

真的？我要吃，我要长高高！

智慧锦囊

所有不以"让孩子听懂"为前提的沟通都是无效的沟通。家长平时和孩子沟通时，要特别注意，说话别太晦涩、太专业，尽量用"孩子式的语言"，少转弯，做到直白简单不拗口。

错了，就真诚地向孩子道歉

所有人都会犯错，错了，改正就是了。

作为家长，我们总是教育孩子要诚实、要有担当、要知错改错，如果孩子不乐意、做不到，我们就会一遍又一遍语重心长地教育他/她。可我们自己呢？

我们犯错时，尤其是冤枉或者误解孩子时，我们认错了吗？改错了吗？道歉了吗？

奶奶从菜场买菜回来，顺手把花剩的 20 元钱放在茶几上。

一个小时后，奶奶炒完菜从厨房出来，发现茶几上的钱不见了，就问趴在沙发上打游戏的明明："明明，茶几上的钱呢？"

明明摇摇头："没看见，不知道。"

奶奶却不相信，继续追问："真没看见？是不是你偷偷拿走了？"

"真没看见。"明明保证说。

奶奶听了，半信半疑。吃完饭，奶奶把这件事告诉了爸爸。

爸爸立即火冒三丈，怒吼："张明明，你胆子肥了，居然敢糊弄你奶奶，还偷钱。老子今天打死你！"

> 明明，你看到奶奶放在茶几上的 20 块钱了吗？

> 没看见。

说完，不管三七二十一，就把明明从桌边揪起来，胖揍了一顿。

明明委屈极了。

第二天，奶奶打扫卫生的时候，在茶几下的缝隙里发现了"丢失"的 20 元钱，赶紧告诉了明明爸爸。

明明爸爸这才知道自己冤枉了明明。

"沉冤得雪"的明明坐在一边，忍不住抱怨了一句："我就说我没拿吧。爸爸冤枉我。"

"没拿就没拿，你啰嗦啥。老子为什么怀疑你，还不是因为你有前科，经常撒谎。"爸爸大声咆哮。

听了爸爸的话，明明心里更委屈了。

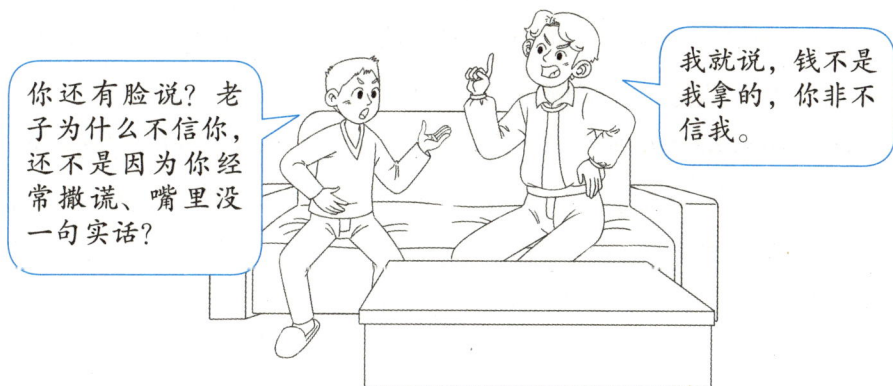

故事启迪

人非圣贤，孰能无过？每个人，无论是谁，或多或少，都会犯错。

犯错，是件很正常的事。犯了错，怎么办？改啊！道歉啊！古人不是说了吗，"过而改之，善莫大焉。"

改错难吗？不难！道歉简单吗？简单！在不扮演"家长"这个角色时，犯了错，我们从不吝于道歉，道歉的态度也极诚恳。可一旦套上"家长"模板，面对自己的孩子，认错、道歉、改错，竟变得千难万难。

为什么？因为我们觉得，作为家长，给孩子道歉、向孩子认错，是件很尴尬、很难堪、很丢脸的事情；因为我们害怕，一旦给孩子道了歉，自己的形象就会变得不完美、权威就会受损乃至崩塌；因为我们担心，道歉之后，就会失去孩子的尊重，就没办法再像以前那样命令他/她、教育他/她、堂而皇之地指导他/她；因为……

只要我们愿意，总能找到一千条一万条合情合理的理由为自己开脱。然而，错了就是错了！错了，就该改正，就该道歉！这不是我们自己告诉孩子的吗？为什么同样的事情，放到自己身上，就不行了呢？

伤害、误解、冤枉了别人，我们会道歉、会赔偿、会说"对不起"，伤害、误解、冤枉了自己的孩子，我们为什么不道歉？孩子难道有义务无限地包容我们、谅解我们吗？没有！

所以，亲爱的家长们，请不要双标，请不要区别对待自己的孩子，如果错了，就真诚地向孩子道个歉，别找借口，别说其他。

记住，道歉并不会折损你的权威，相反，一个知错能改、愿意向孩子道歉的父亲/母亲更能得到孩子的认同与尊重。

举一反三

妈妈帮晴晴整理房间的时候，在衣柜旁边发现了一个长方形的收纳盒。

"咦，这是什么？"妈妈很纳闷。于是，打开了收纳盒。

盒子里整整齐齐地放着五本精装版的小说。

> 这孩子，太不像话了，居然瞒着我偷看小说，我得好好说说她。

"这孩子，居然瞒着我偷偷看小说，怪不得成绩下滑得那么严重。"妈妈喃喃自语。

妈妈越想越气愤，中午晴晴放学回家，妈妈非常严肃地批评了她。

"妈妈，我没看小说！"莫名其妙被训了一顿，晴晴很委屈，反驳道。

"没看？"妈妈指着收纳盒里的书问晴晴，"那这是什么？"

"这是我给姑姑准备的生日礼物。"晴晴解释。

闻言，妈妈愣住了。之后，妈妈搂住晴晴，真诚地说："晴晴，对不起，是妈妈错了，妈妈误会你了，妈妈向你道歉。"

"没关系，妈妈。你也不是故意的，我原谅你了。"晴晴回应。

> 晴晴，对不起，是妈妈误会了你，妈妈错了。

> 没关系，妈妈。你也不是故意的，我原谅你了。

智慧锦囊

强词夺理、知错不改并不能让家长在孩子面前更权威；知错改错、诚恳地给孩子道歉，也不会让孩子将你看扁看轻。相反，道歉能让孩子感受到你的尊重和真诚，让亲子之间关系变得更亲密、更融洽。

做个体贴入微的好爸爸 / 妈妈

🎓 **思考时刻**

　　亲子沟通就像是一场看上去简单，实际上却很难的游戏，通关游戏的方法有很多，如以迂为直、动情晓理、投其所好、将心比心等。其中，操作难度最低、效果最显著的就是体贴。从生活的细微处入手，关心和体贴孩子，让孩子感受到你的用心、关心和贴心，再去沟通，自然要容易许多。

📋 **沟通故事**

　　表叔结婚在酒店宴请亲朋好友。妈妈带着晓蕾去了。

　　宴席真丰盛啊！

　　有大龙虾、水晶扣肉、东坡肘子、佛跳墙、蒸鳕鱼、花开富贵……

　　菜香扑鼻而来，晓蕾忍不住咽了咽口水。她喜欢吃鳕鱼，可装鳕鱼的盘子距离她太远了。晓蕾不好意思转桌子，也不好意思站起来夹，只能眼巴巴地看着。

好香，好想吃。为什么离我这么远？

　　就在这时，桌子突然转了，转得很缓慢，但一直在转，等鳕鱼盘子转到晓蕾面前时，桌子刚好不转了。

　　"快夹，多夹点儿。"晓蕾耳边传来妈妈的低语声。她愕然抬头，看向身旁的妈妈。原来，转桌子的是妈妈呀。

　　见女儿望过来，妈妈微微一

笑，还调皮地对晓蕾眨了眨眼睛。之后，夹了一筷子鳕鱼放进晓蕾的碗里。

"谢谢妈妈。"晓蕾欢快地说。

故事启迪

什么是沟通呢？

沟通其实是个很宽泛的概念。

所有能够进行彼此情感交互、信息交互的方式都叫沟通。说话不过是最常用、最直观的一种方式。除了有声的对话，沟通也可以通过无声的方式来进行，如表情，如动作。

和孩子相处的时候，多笑笑，少皱眉，气氛会更融洽；孩子伤心、难过的时候，轻轻拍拍他/她的肩膀/手背，把他/她搂进怀里，比任何华丽空洞的安慰都要有效。

当然，如果家长能更"有心机"一些，把多种沟通方式结合到一起使用，像晓蕾妈妈那样，润物细无声地体贴和关心孩子，增进母女之间的感情，不知不觉就把孩子的好感度刷到满值，那就再好不过了。

说到这里，有些家长或许会觉得晓蕾妈妈的做法很简单，不就是关心孩子吗？谁不会啊。大家平时不都在做吗？

可关心与关心真的是有区别的！

表达方式不同、沟通与互动方式不同，同样的事情，可能会收到截然不同的效果。

比如，同样是孩子爱吃鱼，如果你大张旗鼓地站起来给孩子夹菜，或者主动和身边的人说"我家孩子爱吃，我多夹点儿"，那么孩子多半会感到不好意思、不愿多吃，敏感些的，甚至会觉得丢脸。

即便是在家里，一家人吃饭，如果你费心给孩子做了鱼，却告诉孩子"因为你爱吃，妈妈才去买的""这鱼好贵的，吃一条，我和你爸两天白干了"，或者你告诉孩子"我不爱吃鱼，你吃吧""我就爱吃鱼头"，孩子会怎么想？他／她会被你这种"自我牺牲"式的爱感动吗？

诚然，他／她会的。但在感动之余，他／她也会觉得自己不懂事，觉得自卑，觉得这爱太窒息、太沉重，重得他／她承受不起，以致不知该怎么面对你，会下意识地逃避你。

所以啊，你看，关心孩子、表达爱也是要有技巧、讲方法的，要做个体贴入微的好爸爸／妈妈，也不简单呢。

举一反三

马上就要期中测试了，柠檬的压力很大，每天都学习到晚上十一二点。

困了，累了，她就喝咖啡，喝浓茶。

水摄入得多了，凌晨三四点总忍不住起夜上厕所。

可上厕所就得穿过漆黑一片

的室内过道和客厅，过道和客厅都有灯，可黑黢黢的，柠檬摸不到开关，有好几次差点被杂物绊倒，摔个大跟头。

为此，柠檬很苦恼，却不知道该怎么办。

这天，吃晚饭的时候，爸爸一边吃菜，一边温和地对柠檬说："檬檬，爸爸把客厅和过道的灯都换了，换成声控的了。你晚上出来，咳嗽两声、跺跺脚，灯就亮了。"

听了爸爸的话，柠檬感动极了，情不自禁地扑到爸爸怀里，大声说："爸，你真好，我爱你！"

"你要真爱爸爸，就答应爸爸，爱惜自己的身体，以后别熬夜熬到太晚，行不行？"爸爸趁机提"条件"。

"行！"闻言，柠檬很爽快地点点头。

爸，你真好，我爱你！

闺女，我把咱家过道和客厅的灯都换成声控的了。

智慧锦囊

没有哪个家长不爱自己的孩子，但关心、爱护也要讲究方式、方法。而且，关爱不是说出来的，而是做出来的。比起高谈阔论，从生活中的小事、细节入手，关爱孩子，会更暖心哦。

察言观色，把握孩子最真实的情绪

🎓 **思考时刻**

《论语·颜渊》中有云："夫达也者，质直而好义，察言而观色，虑以下人。"绝大多数高情商、善沟通的家长，都深谙察言观色的奥义。他/她们总能通过观察孩子细微的动作、神情、言语，洞悉孩子内心深处最真实的情绪和想法，进而做出最恰当、最合适、最高效的应对。

📝 **沟通故事**

月考的成绩下来了。

总分800分，舟舟考765分，年级第二，进步了10名，心里很高兴。

晚上六点多，妈妈下班回家，稍微收拾了一下，就询问舟舟的成绩。

"儿子，这次月考考得怎么样？"

舟舟干咳一声，故意装出一副云淡风轻的模样，回答说："还行吧，不算差。"

听舟舟这么说，妈妈还以为他这次没考好，就没准备再问，可抬起头，就看到舟舟正目光灼灼地看着自己，一副"你怎么还不问我具体分数"的急切表情。

于是，就顺口问了一句："你考多少分？"

"不多不多，只有765分，没到满

> 儿子，这次月考考得怎么样？

> 还行吧，不算差。

分呢，不值一提。"舟舟说着，还满不在乎地摆了摆手，似乎自己的成绩真的很平常，却没发现，自己唇角上扬、眉眼含笑，差点就把开心、得意、求表扬写脸上了。

妈妈见状，也没拆穿他，反而瞪大眼睛、做出一副"惊讶"的表情："哇，765，儿子，你了不得啊，太棒了，厉害！"

果然，听到妈妈的夸奖，舟舟再也忍不住了，开心地笑了起来，甚至还轻声唱起了歌。

哇，765，年级第二，儿子，你太棒了！

嘿嘿，一般一般，也就发挥了我的正常水平。

📖 故事启迪

小时候，所有的孩子都是直率的，但随着年龄的增长、阅历的增多、自我意识的觉醒，慢慢地，孩子们就有了自己的隐私、自己的想法、自己的心事。

有些心事，孩子乐于和家长分享；有些心事，孩子却只想深深藏起来。于是，并不怎么擅长伪装的他/她们也开始学着给自己戴"面具"。

家长与孩子之间无形之间就起了隔阂。

这时候，有一部分家长就会误以为孩子在疏远自己、排斥自己，其实不是。他/她们拒绝沟通、不愿坦白，有的时候，只不过是想有点儿自己的私人空间。

毕竟，有些话、有些事，只适合自己慢慢消化，并不适合与任何人说。

当然了，孩子有了隐私，有了自己的"心灵港湾"，并不意味着家长与孩子就不能融洽沟通、畅所欲言。

事实上，除了一些特别隐私的事，只要愿意，家长和孩子之间没什么不能说的。

至于孩子会不会说，那就要看家长能不能看透孩子的"伪装"，听出孩子的"口是心非"，从而做出最符合孩子心意的应对了。

别的不说，就说舟舟妈妈和舟舟吧。

舟舟考试考好了，很开心，但出于少年的矜持，却故意表现得很平淡。这个时候，妈妈要是没发现他的真实情绪，信以为真，回应平淡，甚至出声责备，孩子虽然不会说什么，但心里肯定会有疙瘩、不开心。

类似的情境，日常生活中还有很多很多。家长的反应，"错了"一次两次还好，"错"得多了，就难免让亲子关系出现裂痕。

所以，家长们，察言观色，把握孩子最真实的情绪真的很重要。

举一反三

圆圆和妈妈一起去逛商场。

路过饰品柜台时，一个小兔子形状的镶钻粉色发卡瞬间吸引了圆圆的目光。

不过，看到发卡旁边 88 的标价后，圆圆神色一黯，默默地走开了。

圆圆的家境并不好，爸爸残疾，只有妈妈一个人做清洁工，勉力支撑这个家。

88 元，太贵了。虽然很喜欢那个发卡，但懂事的圆圆还是放弃了。

"圆圆，有喜欢的饰品吗？妈妈给你买。"站在一旁的妈妈温和地问。

> 圆圆，有你喜欢的饰品吗？告诉妈妈，妈妈给你买。

> 没有。妈妈，这些饰品都很丑，我不喜欢。

圆圆摇摇头，"没有，妈妈，这些饰品都太丑了，不好看。咱们走吧，去别的地方逛逛。"说完，圆圆就拉起妈妈的手往前走。走之前，她还是忍不住回头又看了一眼那个漂亮的兔子发夹。

这一切，妈妈都看在眼里。

于是，妈妈停下来，指着兔子发夹说："你没有喜欢的，那妈妈给你挑一个，算是提前送你的生日礼物。"

说完，没等圆圆拒绝，妈妈就让售货员开了票，买下了发夹，并亲手给女儿戴上。圆圆开心极了。

既然你没喜欢的，妈妈就替你挑一个，算是提前送你的生日礼物。

谢谢妈妈。

智慧锦囊

口是心非并不等于撒谎。一般口是心非的孩子性格都很细腻、很柔软、懂事、多思、愿意为家长考虑。所以，当孩子口是心非时，请不要一味地责备他／她、埋怨他／她，多想想他／她的好，把握他／她的情绪，"违逆"他／她的意图，说些他／她想听的话、带他／她去做他／她想做的事，效果无疑会更好。

不要把你的想法强加给孩子

世界上没有完全相同的两片树叶，也没有完全相同的两个人。不同的人，面对同一件事、同一个人、同一个问题，想法和看法自然也截然不同。所以，无论什么时候，我们都要秉持差异思维，求同存异，尊重别人，不能把自己的想法强加给别人，尤其是强加给孩子。

📝 沟通故事

在市少年宫举办的"春桃杯"朗诵比赛中，芸芸得了第一名。今天上午，组委会通知芸芸下午两点准时去参加颁奖仪式。

芸芸非常高兴，准备好好打扮一番。扎个丸子头，戴上漂亮的头箍，手腕上是颜色炫丽的小手链，对了，还要穿上最喜欢的蓝裙子！

花了两个多小时，芸芸终于打扮好了，当她兴冲冲地走出房间来到客厅，正在客厅看电视的妈妈却皱着眉、一脸嫌弃地对她说："这条蓝裙子太丑了，赶紧去换掉，就换我给你新买的那条，粉色带星星的。"

"很丑吗？"听了妈妈的话，芸芸有些不高兴，"我觉得挺好看。"

"好看什么好看？丑死了。你才多大，9岁，小姑娘不能穿湖蓝，就得穿粉色，粉色好看，还显白。"妈妈说。

"湖蓝也很漂亮，我很多同学

> 丑死了！别穿这条蓝裙子，去换一条。

> 妈妈，妈妈，我好看吗？

都穿这个颜色。"芸芸争辩。

"你还小，不懂审美，听妈妈的，换粉色，没错。"妈妈又说。

"我不想换，我就爱这条蓝裙子。"芸芸噘着嘴，说："真的很好看啊，你看这个蝴蝶结，多洋气。"

"不好看，粉色能提亮，提升颜值。粉色……"妈妈说个没完。

芸芸也据理力争。最后，两人谁也说服不了谁，不欢而散。

你是小孩子，没眼光，不懂审美，听妈妈的，去换粉裙子。

我不，我觉得蓝裙子比粉裙子漂亮。

故事启迪

人和人的想法、眼界、阅历、价值观、审美、口味、生活习惯等，多数时候都是不同的。

甲之蜜糖，乙之砒霜。你觉得咸豆腐脑是人间真爱，他觉得甜豆腐脑最香最糯；你觉得蛇冰冷可怖，他觉得蛇又萌又可爱。谁对，谁错？没对，也没错！

你有你的爱好，我有我的兴趣，求同存异，彼此尊重，无外如是。

所以，亲爱的家长，你必须注意，你的审美不代表孩子的审美，你的价值观也不能替代孩子的价值观。你可以适当地给孩子一些建议，但不能事事都帮他/她做决定，尤其是在一些生活细节上。你也得注意，沟通不是辩论，更不是有你无我的竞争与拼杀，很多时候，它并不需要分对错。

实话实说，一个9岁的小女孩确实更适合穿粉色而不是湖蓝色的衣服，可是耐不住芸芸自己喜欢啊，而且，特别喜欢。

这种情况下，作为家长，妈妈最正确的选择其实是妥协，顺从孩子的意愿，而不是想尽办法强迫孩子认同自己的想法，哪怕这个想法看上去更合理。

　　毕竟，吃什么、穿什么、用什么，这些都是小事。又不是关乎命运的大事件，退一步，让孩子开开心心的，不是更好？

　　就算是关乎命运的人生大事，家长也要尊重孩子的想法，不能过分强迫。

　　如果所有家长都像芸芸妈妈这样较真、认死理，即便是辩赢了，却会输了感情、输了孩子的心，委实得不偿失。

举一反三

　　寒假的一天，爸爸难得下班早，想到很久没关心过儿子了，就和儿子军军聊起了天。聊着聊着，父子俩就聊到了未来、理想。

　　"军军，你长大了想做什么？"爸爸问。

　　"我想和爸爸一样，做个大厨师。"军军挺了挺胸脯，大声说。

　　做厨师？听了儿子的话，爸爸皱起了眉头："做厨师有什么好？工作又忙又累，工资也不高。你好好学习，将来考个名牌大学，当老师、考公务员、做律师，都挺好。"

　　"可是爸爸，我就想做厨师。"军军看着爸爸，郑重地说。

我想和爸爸一样，做个大厨师。

军军，你长大了想做什么？

"为什么？"爸爸不解。

"我不爱学习，看见书本就头疼，成绩也不好，可我喜欢做菜。每次做菜，我都觉得很幸福。"军军回答说，"而且，爸爸是我的偶像啊，我想成为像爸爸一样的人。"

看着双眼发光、满脸认真的儿子，爸爸妥协了："好吧，爸爸不应该用自己的想法来要求你，爸爸尊重你的想法。"

"谢谢爸爸。"

> 我喜欢做菜，而且，爸爸是我的偶像啊。

> 好吧，爸爸尊重你的想法。

智慧锦囊

人生路漫漫，多彩又烂漫。每个人的人生都该自己做主。家长只是孩子的引路人，无论什么时候，都应该尽量尊重孩子的想法和意见，不要把自己的愿景、期盼、想法、价值观等强加给孩子。

给孩子留面子

孩子也是有自尊心的，哪怕他／她很小！

研究表明，在孩子两岁左右的时候，自尊心就会开始萌芽；四五岁时，已经有明显的好恶；十岁之后，步入青春期，孩子会更加好强、自尊、敏感。此时，家长和孩子沟通，尤其要照顾孩子的自尊心，给孩子留面子，否则亲子关系将变得极其糟糕。

📝 **沟通故事**

周末，娜娜和小美约好了一起写作业。上午十点，小美准时来到娜娜家。

娜娜的妈妈给两个孩子准备好果盘和牛奶后，就去忙家务了。

过了大概半小时，小美和娜娜正在互相检查诗词背诵，妈妈突然走进来，手里还抱着几件脏衣服。"娜娜，妈妈和你说过多少遍了，洗完澡要记得把衣服放进收纳箱，你怎么就是不长记性呢？"妈妈扬了扬手上的衣服，数落道："你看看，又把衣服扔洗手池了。"

妈，我忘了，下次一定记住。我还要写作业呢，你快出去吧。

娜娜，和你说多少遍了，洗完澡脏衣服要放收纳箱，你怎么又扔洗手池了？

听着妈妈的数落，娜娜的脸腾的一下就红了。

之后，她一边偷偷瞄了小美一眼，看看小美的反应，一边低声对妈妈说："我知道了，以后一定注意。我还要写作业，您还是出去吧。"说着，轻轻把妈妈往外推了推。

妈妈转身往外走。走到一半，看到娜娜有些发油的头发，又忍不住数落说："你这头发几天没洗了？都告诉你了，小姑娘要爱干净，勤洗头，就你，成天邋里邋遢的。一会儿我给你热水，你赶紧洗个头。"

听了娜娜妈妈的话，小美有些诧异地看向娜娜，那眼神好像在说："娜娜，原来你这么邋遢。"娜娜被妈妈数落得不自在，又看到小美异样的眼神，觉得很丢脸、很委屈，哭着跑走了。

呜呜呜……丢死人了。妈，你就不能给我留点儿面子吗，呜呜……

你这头发几天没洗了，油成这样，邋里邋遢的。

📖 故事启迪

每个人都有自尊心，都爱面子，孩子也不例外，甚至，因为心智不太成熟、好胜心强，很多时候，孩子会把面子看得更重。

近些年，网络上、报纸上，各种孩子因"丢面子"而抑郁、焦虑、自残的新闻屡见不鲜。但绝大多数家长却仍未引以为戒。

在家长眼中，孩子永远都是幼稚、单纯、不懂事的，所以，家长要操心、要叮嘱、要念叨、要各种关心。

有错吗？当然没错！

但是，当这种关心、操心变得不分场合、不分时间、不分地点，一切就都变了味。

就像故事中的娜娜妈妈，她有恶意吗，有坏心眼吗？没有！但是她当着娜娜同学小美的面数落娜娜，哪怕数落的本意是关心、是为女儿好，娜娜也不会领情。相反，她会觉得难堪、觉得尴尬、觉得丢脸、觉得妈妈在揭她的短，如此，母女之间的关系怎么可能不产生裂痕？

所以，各位爱孩子又爱唠叨的家长们，平时一定要注意，千万别在外人面前数落孩子、埋怨孩子，也千万不要在公共场合批评孩子、打骂孩子。否则，很可能会对亲子关系造成极严重、极恶劣的影响。

举一反三

端午假期，爸爸带着小虎去郊外爬山。

山不高，山路却很崎岖，刚爬到半山腰，身材微胖的小虎就累得气喘吁吁了。

"呼呼……好累，爸爸……我们……歇会儿。"小虎说。刚说完，他就一屁股坐在了地上。

爸爸见状，忍俊不禁，也在一旁找了个地方坐下。

"儿子，你该加强锻炼了。"爸爸说，"咱们歇会儿，喝点水，然后一口气冲到山顶。"

"好。"小虎用袖子擦了擦额头的汗，点点头。之后，打开背包，准备拿水，可打开包一看，小虎傻眼了。

"爸爸，我忘带水壶了。"

"什么？"

闻言，爸爸先是皱了皱眉，

怎么了？

我忘带水壶了。

接着开始训斥小虎："怎么能忘了？昨天你妈就叮嘱你，今天出门的时候，我又问了你好几遍，你居然还忘了。你是鱼吗？记忆力只有七秒？气死我了！"

似乎是被小虎激起了心中的火气，爸爸越训斥声音越大，吸引了很多路人围观。

感受到人们异样的目光，小虎只觉得脸上火辣辣的，恨不得马上找个地缝钻进去。

你是属鱼的吗？记忆力只有7秒。这也忘，那也忘，你还能记住点儿啥？

好丢脸……

智慧锦囊

不要当众批评、教训、否定、辱骂或责打孩子！千万不要！不要！

作为家长，要和孩子融洽沟通，就得照顾孩子的情绪和自尊心，注意给孩子留面子，即便孩子真的做错了，家长也不能反应过激，反而要尽量用相对温和的方式私下里去引导他/她、劝诫他/她。

注意！孩子不是你的"出气筒"！

🎓 思考时刻

谁的生活能一帆风顺呢？日常生活中，无论是谁都会遭遇挫折、面临失败、被刁难、被批评、被指责，会伤心、会愤怒、会抑郁、会憋闷、会委屈……有一部分家长，在负面情绪的影响下，会下意识地责难孩子，把孩子当成"出气筒"，这种做法是极端错误的。

📝 沟通故事

悦乐爸爸这几天心情一直不太好。本来十拿九稳的副总位置，竟莫名其妙地被一个总部空降来的小年轻顶替了；负责策划的项目也三不五时地出现问题。

这不，今天因为活动场地没安排妥，悦乐爸爸又被董事长狠狠地批评了一顿。下班回家的路上，他越想越气，心里就像燃起了一把火，难受得很。

坐了公交，又倒地铁，折腾了一个多小时，悦乐爸爸才满身疲惫地回到家。

刚打开家门，就看到悦乐坐在沙发上，拿着游戏手柄打游戏。爸爸的怒火不知怎么腾地一下就冒了出来，气冲冲地摔上门，快步走到悦乐身边，夺过他手里的游戏手柄，"啪"的一声狠狠摔在地上。

悦乐被爸爸的模样吓坏了，刚要

气死我了！我要爆炸了！

说话，爸爸就抄起放在桌上的鸡毛掸子，开始揍他，边揍还边训斥："你这个不争气的东西，就知道玩，不写作业，只知道玩游戏，我让你玩，让你玩！"

悦乐被打得哇哇大叫。

过了好一会儿，等爸爸打累了，悦乐才小心翼翼地挪回房间，走前，他有些委屈地低声告诉爸爸："我作业都写完了。"

你这个不争气的东西，就知道贪玩，不写作业，不学习。

我作业写完了啊。

故事启迪

谁的生活不辛酸呢？

绝大多数成年人，上有老，下有小，只是满足温饱，就已经拼尽全力。

一家人的吃喝拉撒，各种各样的支出，接踵不断的问题，孩子上学、老人看病、领导责难、亲戚误解、职场压榨……面对这些，哪个人不压力重重，哪个人没有点儿负面情绪？然而，即便再愤怒、再委屈、再烦躁，作为家长的你，都不该把孩子当作出气筒。

孩子有什么错呢？

他/她凭什么要无缘无故被苛责？他/她有什么义务要承接你的暴脾气与坏情绪？难道只是因为他/她弱小，只是因为他/她是你的孩子吗？

孩子不是任何人的附属品！即便你生了他/她，养了他/她，你也没有权力肆意地欺负他/她，让他/她无限度地包容你、谅解你。

你在单位受了气，被刁难了，有火发不出，有苦无处诉，可以去跑步、去打拳、去楼顶大声呐喊，去找个属于你的"树洞"……发泄负面情绪的方法太多了，你可以慢慢找、多多试。

找到了，把情绪发泄完了，再回家。如果做不到，就尽量远离孩子，让孩子脱离你的视线，以免一不小心被"牵连"。

毕竟，孩子是无辜的，他/她不应该成为你的出气筒！

举一反三

"哎！"坐在地铁车厢里，想着财务部"下个月起降薪20%"的通知，蓉蓉妈妈忍不住叹了口气。

作为名校毕业的硕士生，蓉蓉妈妈学历高、从业经验丰富，专业素养没得说，在公司已经待了十年，是实打实的业务骨干，可公司却不念她的好，不仅给她降薪，还想给她调整岗位，把她发配到贵州分公司。

为此，蓉蓉妈妈又气愤又难过，在公司和领导大吵了一架。

降薪20%，家里就要少七八千的收入，要还房贷，要交保险，要……

> 哎，工资少了，领导得罪了，以后的日子该怎么过啊，烦躁！

这日子今后怎么过啊。

蓉蓉妈妈很发愁。直到走进家门，还在愁。

这时，蓉蓉手里拿着个小本子，兴冲冲地跑了过来。

"妈妈，妈妈，你来看，这是我做的成都旅游攻略，"蓉蓉把小本子递给妈妈，笑呵呵地说："咱们第一天去宽窄巷子和锦鲤，第二天去看大熊猫，第三天去黄龙溪古镇，第四天去杜甫草堂和漫花……"

"旅什么游，不去了，十一哪儿也不去！"没等蓉蓉把话说完，妈妈就一脸烦躁地打断了她，然后劈头盖脸地把她训斥了一顿，说她"大手大脚，不懂节省""乱花钱不会过日子""不体谅爸爸妈妈""不知道赚钱有多辛苦"等等，把蓉蓉骂得满脸是泪、嚎啕大哭。

智慧锦囊

孩子是上天赐予我们最好的礼物，我们应该珍爱与呵护他/她。无论何时，都不能把孩子当作撒气的对象。不然，不但会给孩子带来不必要的伤害，也会让亲子关系蒙上一层浓厚的阴影。

第三篇
亲子沟通的十大技巧

子曰:"工欲善其事,必先利其器。"

所有擅长沟通的家长都知道,想要消除亲子之间的隔阂,从无话可说到无话不谈并不是件简单的事情。不仅需要耐心、需要时间,还需要掌握一些高明的技巧,譬如:不要轻易否定孩子、大声赞美孩子、找到沟通不畅的症结、委婉地批评、巧妙地提问、尊重孩子的隐私、做好孩子的"随身顾问"等等。

请大声赞美你的孩子

📖 思考时刻

巴特勒说："赞美是美德的影子。"在这个世界上，再没有比赞美更惠而不费的沟通方法了。

谁不愿意被赞美、被夸奖呢？没有人！所以，亲爱的家长，如果你不知道该怎么与孩子沟通、相处，不知道和他/她聊些什么，就大声赞美他/她吧。相信我，赞美的魔力绝对超乎你的想象！

📝 沟通故事

阳春三月，天气晴暖，阳光明媚，处处芳菲。实验四小一年一度的春季运动会正如火如荼地进行着。

400米短跑比赛开始了，小远爸爸目不转睛地注视着自己的儿子，时不时挥舞下手中的小彩旗，喊几声"儿子加油"。

跑道上，小远跑得很认真，也很卖力，额头沁出一层密密的汗珠。

"冲！冲！向前冲！"小远不断地在心里给自己加油鼓劲。

可是，他还是落在了别人后面，只得了第三名。

为此，小远沮丧极了。

比赛结束后，他垂着脑袋，无精打采地走到爸爸身边，难过地对爸爸说："对不起，爸爸，我只跑了第……"

没等小远把话说完，爸爸一把抱起他，原地转了两圈，兴奋地喊道：

> 儿子，加油！

> 嗯嗯！我会的。

"儿子，你太棒了，居然跑了第三名，真给爸爸长脸，厉害！"

哎？爸爸的反应让小远一愣。之后，他抬起头，有些不确定地说："爸爸，我得的是第三，不是第一。"

"第三怎么了？第三也超级厉害啊！"爸爸笑道，"第三已经超过很多人了。"

"爸爸，我真的很厉害？"小远的眼睛亮了。

"真的！"爸爸点点头，对着小远竖起大拇指，"小远很厉害。爸爸为你感到骄傲！"

听了爸爸的话，小远脸上的沮丧和失落瞬间一扫而空，变得格外欢欣雀跃。

> 哇，儿子，你真厉害，居然跑了第三名。爸爸为你感到骄傲！

> 对不起，爸爸，我只得了第三名。

📖 故事启迪

赞美是很常见也很实用的亲子沟通技巧。会赞美、善赞美的家长总是最受孩子欢迎的。

赞美，听上去很简单，其实一点儿都不简单。

赞美是什么？在很多家长的认知里，赞美就是夸孩子，各种夸，什么"你很厉害""你很棒""你很聪明""你很可爱"等等。这种认知有错吗？没错，但有些片面。

事实上，赞美也需要讲分寸、讲尺度，有的放矢，否则不但达不到应有的效果，还可能适得其反。

就好比说，你赞美孩子，说他／她"特别聪明，平时不怎么学习，成绩依旧拔尖"，这妥当吗？不妥当！这样的赞美，会让孩子产生一种"我即便平时不努力也能学好"的错觉，让孩子变得自大、贪玩、无自知之明。

类似的例子，还有很多。所以，你看，赞美也不是没有章法的，得有技巧。

首先，赞美要真诚。孩子虽然年纪小，但他/她不是傻子，相反，孩子有时候是十分敏锐的。你赞美他/她时是真心还是敷衍，他/她很容易就能分清楚。

其次，赞美要选对角度，最好赞到孩子的心坎上。比如，孩子喜欢天文，爱做航天模型，那么，你赞美他/她自制的模型漂亮，远比赞美他/她勤劳能干更有效、更能让他/她开心。

再次，赞美不能空洞，要具体，要有的放矢，否则，会显得很假、很糊弄。比如，赞美女孩，与其说她漂亮、可爱，倒不如具体些，赞美她"眼睛有灵性""鼻子高挺""脸型秀气""笑容明媚"。

举一反三

橙橙得了省奥数比赛金奖，全家人都高兴坏了。

"我就知道，我孙女超级厉害。"爷爷说。

"那是，咱家橙橙从小就聪明，不学习都能得第一。"奶奶附和。

妈妈则笑眯眯地摸摸橙橙的脑袋，赞美说："我女儿最棒了。"

可被众星捧月般围在中间的橙橙表情却很平静，甚至眉头微皱，显得有些

> 我孙女超级厉害。
>
> 橙橙，你太聪明了。
>
> 哎……我不需要这样的赞美。

不耐烦。

　　什么聪明啊、厉害啊，这样的赞美她平时听得太多了。爷爷奶奶夸奖自己是这样，夸表哥、堂弟、堂妹也是这样，甚至，大人们会说什么她都能猜出来。

　　"橙橙，爸爸看了你考试的卷子，你的线性思维很好、立体感也非常出色、函数方面似乎有些欠缺，"这时，站在一旁的爸爸开口了，"不过，你的逆向思维倒是让爸爸惊叹，非常棒，尤其是最后一道大题，解题思路很新颖，比答案给出的方法还要简洁。"

　　"真的？爸爸，我和你说，我解题的时候……"听了爸爸的话，橙橙脸上露出大大的笑容，开始叽叽喳喳地和爸爸讨论起来，神情也变得特别愉悦。

> 闺女，你的立体感很出色，逆向思维更让人惊叹，尤其是最后一题的解法很新颖。

> 爸爸，您也这么认为？太棒了，我和您说，我解题的时候……

智慧锦囊

　　千篇一律、万金油式的赞美听多了，无论是谁，都会厌烦。因此，家长平时赞美孩子时，务必多用心，真诚一些，要赞美孩子就尽量赞到实处、细处，千万别空口白话、滥用"模板"。

掌握提问的技巧

相信很多家长都有这样的经历：和孩子说话，问上十句，孩子最多回一两句，问得急了、语气重了，孩子还会反感、闹脾气，对家长的关心"毫不领情"。为什么会这样？是孩子"冷漠""不长心""叛逆"吗？不是！而是家长说话不走心，提问的时候缺了几分技巧！

📝 沟通故事

一向邋遢的胡斐最近变了，总是把自己收拾得干干净净的，又精致又帅气。

妈妈担心胡斐早恋了，又不好直接开口询问，怎么办呢？

苦思冥想了半天，妈妈终于想到了个"旁敲侧击、以迂为直"的好办法。

这天，下午放学，妈妈像往常一样来接胡斐放学。

回家的路上，母子俩闲聊了两句，然后，妈妈看似无意地说道："儿子，我刚才在校门口看到你们班马小宝了，我记得上次见他的时候，他身上的校服都是皱的、头发也乱，今天看上去倒是挺精神。"

"他专门打扮过的。"胡斐回答。

"为什么啊？难道马小宝谈恋爱了？"妈妈一脸好奇，"恋爱中的男孩

> 哎，我家斐斐不会早恋了吧？真愁人。

> 不错，今天也很帅气。

子都很注意形象，不愿意在心爱的女孩面前丢脸。"

"才不是！"听妈妈这么说，胡斐撇了撇嘴，"马小宝是我们辩论队的候补。老师这个月经常带我们去校外比赛，比赛嘛，当然得打扮的得体些，不能丢人。"

"哦，原来是这样啊！"妈妈失笑，"看来是我误会了。"说到这儿，妈妈突然顿了顿，像是才想起什么，惊讶地问，"儿子，你刚说我们辩论队，你也是辩论队的？"

"当然了！"胡斐得意地昂了昂脑袋，"我可是正式队员，二辩，不是候补。"

"嚯，我儿子就是厉害！"闻言，妈妈心里暗暗松了口气，面上却不显，还竖起拇指，大声夸赞胡斐。

胡斐开心地笑了起来。

故事启迪

日常生活中，很多家长在询问孩子生活情况、学习情况、交际情况的时候，都习惯直来直去，殊不知，这样很容易让孩子误会，认为家长是在质问、逼问、审问、责问他／她，进而产生逆反心理，拒绝沟通、不愿回答。因此，家长们在关心孩子的时候，可以学学胡斐妈妈，别太"直"，也别太"莽"，可以多转个弯，以迂为直，旁敲侧击。

早恋是个挺敏感的话题，如果妈妈直接问，胡斐不一定会回答，就算回答了，也不一定会说实话，还有可能伤害胡斐的自尊心，让他觉得妈妈在侵犯自己的隐私，在审问自己，影响亲子关系。

但妈妈没有直接问，反而从同学"马小宝"入手，旁敲侧击，迂回地寻问答案。果然，胡斐对此丝毫没有抵触，反而知无不言，和妈妈一起"八卦"起同学来。最后，妈妈不仅弄明白了胡斐行为反常的真相，还借机融洽了和儿子的关系。不得不说，这真的很高明！

当然了，除了旁敲侧击的迂回，想从孩子那里得到想要的答案，家长在提问的时候还可以采用"抛砖引玉法"——先和孩子分享自己的亲身经历或者相关的故事，再趁机反问孩子；"循序渐进法"——像抽丝剥茧一样，从最浅显的问题入手，一步步深入探究；"以小见大法"——从细微的、具体的小事问起，给孩子一个"倾诉"和"表演"的舞台，让孩子自由倾述、尽情发挥；等等。

举一反三

爸爸和小鹏一起逛庙会。

庙会热闹极了，有表演杂技的、捏糖人的、卖衣服的、卖美食的……

路过一个卖玩具的小摊时，爸爸指着摊子上摆放的"金箍棒"和猴脸面具，对小鹏说："我小时候，最喜欢的就是孙悟空。暑假看《西游记》，经常做梦，梦到自己变成齐天大圣大闹天宫。放假的时候，我和你四叔、齐叔叔、

老爸，你的童年挺精彩啊。

我小时候最喜欢的就是齐天大圣孙悟空，还和小伙伴们扮演过西游四人组呢。

白叔叔，还扮演过西游四人组。"

"真的？老爸，没想到您的童年还挺精彩的。"小鹏说。

"那是。你爸我小时候，玩得可多了。你们呢，你们现在都玩什么？"爸爸问。

"我们？"小鹏想都没想，就回答说，"我们玩得也很多。打农药、玩英雄联盟，打真人 CS。对了，我们也扮演，扮演原神，扮演漩涡鸣人、黑崎一护、路飞、唐三……"接下来的一路，小鹏都在兴致勃勃地分享各种喜好和生活中的趣事，爸爸则静静地聆听。

智慧锦囊

　　询问不是讯问，而是亲子沟通的必要手段。家长在寻求某些问题的答案时，不妨学着变通些，先自我分享，循序引导，激发孩子的兴趣，和孩子达成情绪上的共鸣，如此，才能事半功倍。

注意边界，尊重孩子的隐私

每个人都有一座属于自己的"秘密花园"，"花园"里或繁花似锦、或充满绿意、或奇幻妖娆、或一片荒芜、或……"花园"的风景各不相同，能够欣赏的只有它的主人。

随意闯入别人的"花园"，窥探别人的"秘密"，既不友好也不礼貌。"闯入"的次数多了，还会让人由衷地厌恶，哪怕"花园"的主人是你最爱、也最爱你的孩子。

📝 沟通故事

妈妈为妙馨整理房间的时候，发现了放在写字台抽屉最底层的日记本。

出于好奇，妈妈拿出来随便翻了翻。

"5月30日，星期三，晴。今天妈妈给我买了一件巨丑的外套，还非让我穿着去上学，好郁闷。"

"6月1日，星期四，小雨。今天是儿童节，铃铛和可乐都出去过节了，我也想去，可妈妈不让我去，说我已经不是儿童了。啊啊啊……好想去啊，去撸猫，去野炊，去看小朋友表演。"

……

"9月3日，昨天我发烧了，头好疼，不想去上课。我……"

> 这孩子，心思还挺多。

妈妈坐在床边，看得正起劲，房门被推开，妙馨回来了。

"妈妈，你怎么在我房间？"看到妈妈，妙馨一愣，疑惑地问道。

"这个，我……"妈妈支吾着，想将日记本藏起来，但是已经来不及了。

"你偷看我的日记！"妙馨高喊。

"什么叫偷看，"妈妈兀自强辩，"我这是光明正大地看！你是我女儿，我看看你的日记怎么了？"

"这是我的隐私！"妙馨气愤地反驳，语气中微微带着一丝哭腔。

"小孩子家的，哪有什么隐私，你身上有几颗痣妈都知道，还隐私。"妈妈不满地嘀咕。

妈妈的话，把妙馨气得呜呜大哭。

那之后，很长一段时间，妙馨无论去哪儿，都要把日记本随身带着。

日记是我的隐私，你不能偷看！

我是你妈，你是我女儿，你所有的东西我都能看，光明正大地看！

故事启迪

所有人的隐私都该被尊重，孩子的也不例外！

家长想要了解孩子、关心孩子，初衷当然是好的，也没有恶意，但了解、关心的方法有千千万万，越过边界、窥探孩子的隐私无疑是其中最糟糕的一种。

孩子也是独立的个体，有自己的思想，有自己的情感，有独属于自己的"小秘密"，更应该有自己的"私人空间"，孩子有权给自己的空间加锁，任何人都不能随意侵犯，包括家长。

不要觉得你是家长，就能对孩子为所欲为，就能越过边界，肆意"透视"孩子的世界。相信我，如果你那么做了，终有一天，你的孩子会因为受伤、灰心、被冒犯、感受不到尊重，选择离开你，将你彻底拉入沟通黑名单。

每一个人的生活中都有一条红线，那是边界，是底线，是隐私，不可逾越，不可触碰，一旦逾越，必遭反噬！

亲爱的家长，别觉得这是危言耸听，试想想，如果你的领导、亲人、朋友随意窥探你内心最隐秘的角落，把你看得"精光"，你会怎么想、会如何反应？

所以啊，将心比心，我们也得尊重孩子、注意分寸和边界，不仅不能随意窥探孩子的隐私，如翻孩子的书包、抽屉、偷看孩子日记，还得给予他/她一定的帮助，让他/她能更好地守护自己的"秘密"。

举一反三

今天是 5 月 8 日，过了今天，媛媛就 10 岁了。

妈妈为媛媛买了大大的蛋糕、做了很多媛媛爱吃的菜，还送了媛媛一份"奇怪"的礼物。

为什么说它奇怪呢？

因为礼物是一个带密码的笔记本，一个精致的玻璃瓶，三十卷各种颜色的长条彩纸和一支笔。

"妈妈，你为什么要送我这些啊？"媛媛好奇地问。

"因为媛媛长大了，有自己的小秘密啦。"妈妈笑着说。

> 这些礼物可以帮你守护自己的秘密哦。

> 妈妈，你送的礼物好奇怪。

　　说完，妈妈拿出礼物，一件一件为媛媛解释用途。

　　"你看，这是日记本，带密码的，你可以在上面记录生活日常、记录心事，密码只有你自己知道，不用告诉爸爸妈妈。"

　　"如果你不喜欢写日记，还可以把生活中遇到的各种开心的事、不开心的事，你的烦恼、愿望、目标等等，写在不同颜色的彩纸上，然后把彩纸叠成小星星，装进罐子里，储存起来。"

　　"听上去好棒！"媛媛拍手欢笑，"谢谢妈妈，妈妈真好。"

听上去好棒！谢谢妈妈！

你可以把自己的烦恼、心事、愿望、目标写在彩纸上，叠成星星，收藏起来。

智慧锦囊

　　随意窥探孩子的隐私，只能让孩子离你越来越远；相反，家长如果能充分尊重孩子的隐私，平时和孩子相处时不越界、不过线，亲子之间关系肯定会更融洽，说不定，信任值和好感值刷满后，孩子还会主动和你分享他/她的小秘密呢。

对症下药，找准沟通的症结点

中国自古便很盛行辨证的思维：裁衣需量体，用药需对症，菜碟看人下，话语看人回，应对不同的人、在不同的场景，要采取不同的策略、话术和手段。具体到亲子沟通上，就是要找准彼此沟通不畅的症结点、关键点，因症制宜、辨证施治，进而达到较为理想的沟通效果。

📋 沟通故事

妈妈发现，最近一段时间，女儿静静不爱搭理自己了。

每次想要和她聊两句，女儿都哼哼哈哈地糊弄过去，态度非常敷衍。

为什么会这样呢？

妈妈百思不得其解。妈妈也问过静静原因，但静静却什么都没说。没办法，妈妈只能向静静的好朋友甜甜求助，请甜甜帮自己问问原因。

"静静，最近你和阿姨的关系看着挺冷淡的，你以前不是挺喜欢和阿姨聊天的吗？"这天，一起写作业的时候，甜甜问静静。

"快别提了，哎！"听好朋友这么问，静静忍不住叹了口气，吐槽说，"我妈以前还挺有趣的，现在好烦。十句话

> 我妈只会和我聊学习、学习、学习，烦死了！

> 你最近怎么不跟阿姨聊天了？

有十一句都在聊学习，什么作业啊、考试啊、分数啊，关键她还想给我报个补习班，晚上8点到11点去上课，我的天，我已经能预料到自己以后的生活有多悲惨了！"

原来是这样！

听了甜甜的转述后，静静妈妈才知道自己错在哪儿。之后，再和静静聊天，妈妈就不再紧抓着学习的事情不放，而是天南海北什么都聊，很快母女俩的关系就重新变得融洽起来。

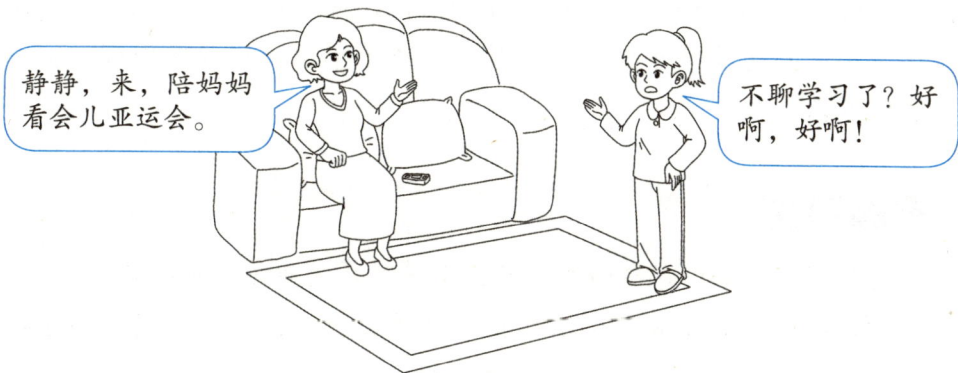

静静，来，陪妈妈看会儿亚运会。

不聊学习了？好啊，好啊！

故事启迪

日常生活中，总有家长抱怨和孩子沟通难，可细想想，和孩子沟通真的难吗？

家长觉得难，不过是因为太忙、没时间深入了解孩子的内心，太武断、太强势，不愿意去了解孩子的真实感受和想法罢了。

没有哪个孩子天生就抗拒父母。相反，孩子最初的时候，最依赖的就是父母。后来为什么变了呢？

可能是孩子长大了，有了自己的想法，与父母在认知上出现了分歧，也可能是孩子真的任性、不成熟、幼稚，但自我反思一下，作为家长的你，就真的没问题吗？

肯定不是！和孩子沟通，很多时候就像是治病，孩子明明是肚子疼，你却给他／她拿来了感冒药，孩子只是微微有点儿咳嗽，你非大动干戈地逼他／她住院，孩子脸上长了青春痘，你千方百计地去寻找治痔疮的方子……如果你是孩子，你会不会反感，会不会愤怒和厌烦？

世界上没有无缘无故的爱，也没有无缘无故的恨。如果你和孩子的沟通出现了问题，甚至孩子已经拒绝和你沟通，你就该认真地、郑重地去寻一寻原因，看看问题的症结在哪里，再对症下药，因症制宜地去解决。至于怎么找到症结，方法有很多，比如，像静静妈妈那样寻求静静朋友的帮助，比如和老师聊聊，比如……你是大人，你懂得比孩子多、阅历比孩子深、处世经验比孩子丰富，只要你想找，就不可能找不到。

举一反三

周二下午，接到张老师的电话，雨荷妈妈急匆匆来到学校。

"张老师，我家雨荷怎么了？"刚进办公室，雨荷妈妈就迫不及待地问。

"雨荷妈妈，您别急，先坐下，咱们慢慢说。"张老师神态温和地解释，"雨荷没事，就是，我在批改作文的时候，发现了一些小问题，需要和您沟通一下。"

"什么问题？"妈妈追问。

张老师抽出一个打开的作文本，交给雨荷妈妈："这是雨荷昨天写的，您先看看。"

"好。"妈妈点点头，开始认真地阅读，只见作文本上写着：

老师，我家雨荷怎么了？

雨荷妈妈，您别急，先看看雨荷写的这篇作文。

"我已经两周没和妈妈说话了，妈妈很伤心，觉得'我不懂事''闹脾气'，可不是这样的！我只是很难过。妈妈总是拿我和李晓比较，张口就是你看你们班的李晓成绩多好、多会说话，你为什么不能和人家学学。可我不是李晓啊，我是雨荷，我不会说话，学习也不好，妈妈这么说，肯定是嫌弃我吧，要是李晓是妈妈的女儿就好了。"

"我……"看到这些，雨荷妈妈惊呆了，"我没嫌弃她，我就是顺口一说，想要激起她的好胜心。这孩子……哎，都怪我！"

雨荷妈妈后悔极了。

那天回家后，妈妈郑重地向雨荷道了歉，并承诺以后不会拿她和任何人比，雨荷开心极了。

雨荷，妈妈保证，以后再也不拿你和任何孩子比了。

真的吗？太好了！妈妈万岁！

智慧锦囊

家长和孩子之间没有解不开的结、过不去的坎。遇到问题和困难，作为家长，要主动寻找症结、弄清原因、对症下药，如此，亲子沟通就再也难不倒你了。

鼓励孩子哭出来

情绪是人内心情感、思维、认知的一种外在反馈。开心了就笑、难过了就哭，就像饿了要吃饭、渴了要喝水一样，是再正常不过的事情。

然而，现实生活中却总有那么一些家长喜欢打着"坚强"的幌子禁止孩子"哭泣"，似乎孩子只要哭了就犯了弥天大罪。毫无疑问，这种做法是极影响亲子关系的。

📝 沟通故事

阳光明媚的夏日午后，壮壮和几个小伙伴一起在草地上踢足球。

他欢快地奔跑着，脸上带着灿烂的微笑。

小伙伴把球传给壮壮，壮壮脚下生风，准备带球射门，可是刚跑了几步，就被一块小石头绊倒，重重摔在了地上。

"啊！"

小伙伴们发出惊呼，正在不远处和邻居聊天的壮壮妈妈闻声跑了过来。

壮壮的膝盖磕破了，伤口不深，但皮蹭掉了一大片，鲜血淋漓。

疼，好疼！壮壮眼里含着泪水，下意识地就想放声大哭。

"壮壮，不许哭！"就在这

嘶……好疼。

时，妈妈走了过来，蹲在地上一边为壮壮处理伤口，一边说，"你已经9岁了，是个坚强的小男子汉了，不能哭鼻子。"

"哦。"

听到妈妈的话，壮壮咬着嘴唇，强行把眼泪和哭声憋了回去。

"真乖！"妈妈夸奖。

壮壮没有回应，他心里很难过，他不明白，妈妈为什么不让自己哭。真的好疼啊！什么男子汉，什么坚强，壮壮不懂。他只觉得，肯定是妈妈不爱自己了。

好难过！

为此，之后很长一段时间，壮壮都很不开心，神情怏怏的，和妈妈说话的次数都变少了。

哦。

不许哭！你9岁了，是小男子汉了，要坚强。

📖 故事启迪

男孩子就该坚强？哭了就是不坚强？不哭就是坚强？

多荒唐的逻辑啊！

可偏偏就有些家长把这种荒唐当作正确的认知，当成了金科玉律，当成了教导孩子的准则。

不得不说，这很可悲。

诚然，每一个家长都希望自己的孩子坚强、有耐心、有恒心、勇敢、有毅力，成为出类拔萃的人。但坚强也好，勇敢也罢，从来都不能用哭与不哭来定义。

再坚强的人都会哭。

哭，不过是一种发泄内心不良情绪的方式，就好像人们画圆要用圆规，测量要用尺子一样。

哭，只是手段，不是目的，更不能代表任何东西。

所以，亲爱的家长，请记住，当孩子想哭的时候，就让他／她大声哭出来，千万不要阻止。

不仅不能阻止，还要鼓励，鼓励孩子在受伤、难过、惆怅、委屈、不开心的时候认认真真、痛痛快快地哭一场。

作为家长，你必须明白，孩子和成人是不一样的。成人心理承受能力强，有不良情绪、负面情绪的时候可以自我调整、自我化解，但孩子不行。孩子伤心了、难过了、委屈了，如果没办法发泄出来，就会把不良的情绪一直憋在心里。

当负面、不良的情绪在孩子心里越积越多、慢慢发酵，孩子就会变得抑郁、沉默、自卑、自我封闭，并由此诱发一系列的问题，严重影响孩子的身心健康。

举一反三

新学期开学，老师组织同学们重新选班干部。

菲菲以前是班长，这次却落选了。

班长的职位被同学梓涵顶替了。

菲菲很难过，心里就像堵了一块大石头，一整天都提不起精神来。

放学回到家也一声不吭，默默回了自己的小屋。

当选班长的是，王梓涵同学。

好难过。

妈妈发现异样后，找到菲菲，一边温柔地搂住她，一边询问："怎么了，宝贝儿？遇到不开心的事情了？"

"今天班干部选举，我没选上班长。"菲菲闷闷地说。

闻言，妈妈没有责备菲菲，也没有问她为什么没选上，而是轻声说："落选了，很难过吧。难过就哭出来。"

听到妈妈的话，菲菲鼻子一酸，心中的委屈再也无法抑制，哇的一声就哭了出来。

"呜呜呜……呜呜呜……"

菲菲哭了好久，其间妈妈一句话都没说，只是默默地搂着她，偶尔轻轻为她拍拍背。

等菲菲哭够了，妈妈才问："哭出来，心里是不是舒服很多？"

"嗯！"菲菲用力点头。

接下来，妈妈又耐心地安慰了菲菲几句，告诉她一次失败并不可怕，引导她去寻找自己"落选"的原因，努力去改正和提高自己。菲菲很认真地听着，没有表现出丝毫的不耐烦。

> 难过就大声哭出来吧，别憋着。

> 呜呜呜……呜呜呜……

智慧锦囊

发现孩子有了负面情绪，尤其是难过、伤心、委屈、郁闷等情绪时，家长不要急着去安慰，更不能不管不顾地要求孩子"坚强"。此时，最好的方法就是让孩子宣泄情绪，大声哭出来。

批评也要讲究方式方法

　　孩子年龄小、心智不成熟、不谙世事，日常生活中难免会做错事、说错话。孩子错了，家长批评、教育是应该的。然而，批评也要讲究方式方法，不能一味地指责、否定，否则非但达不到让孩子"知错改正"的效果，还可能"好心办坏事"，让孩子产生反感和抵触的情绪。

📝 沟通故事

　　爸爸给绵绵买了一套漂亮的漫画书，绵绵非常喜欢，上学放学都带着。

　　绵绵的同桌小倩很羡慕。

　　"绵绵，能把你的漫画书借给我看看吗？"小倩问。

　　绵绵摇头："不行！这可是我的宝贝，我爸爸给我买的。"

　　"绵绵真小气！"被拒绝后，小倩忍不住抱怨。

　　"我才不小气。"绵绵反驳。

　　"你就是小气，绵绵是个小气鬼！"小倩大声说。

　　"我不是！"

　　"你就是！"

　　两个女孩争吵起来，吵着吵着吵急了，气愤的绵绵就伸手推了小倩一把，小倩摔倒在地，哇哇大哭。

　　班主任知道后，通知了绵绵和小倩

> 绵绵是个小气鬼！

> 你胡说，我才不是！

的家长。了解了事情的前因后果后，爸爸并没有劈头盖脸地骂绵绵，而是问她："绵绵，你告诉爸爸，你是小气的孩子吗？"

"不是！"绵绵气鼓鼓地摇头。

"那你为什么不和小倩分享你的漫画书呢？"爸爸又问。

"这是爸爸给我买的。"绵绵板着小脸，非常认真地说，"我怕小倩给我弄坏了。"

"原来如此。那你应该把自己的想法告诉小倩啊，"爸爸说，"这样，小倩就不会误会你，说你小气了。"

"哦。"听了爸爸的话，绵绵若有所思。

"绵绵，你看，是你没和小倩说清楚，让小倩误会你，你们两个才吵架的，你还推了小倩，这件事是不是你做错了？"爸爸循循善诱。

"是。"绵绵有些不好意思地点头。

"做错了该怎么办？"爸爸继续问。

"道歉。"绵绵回答。

"那就去吧。"爸爸笑着鼓励绵绵。

"嗯！"

在爸爸鼓励的目光下，绵绵跑到小倩身边，真诚地向她道歉："对不起，小倩，是我错了。"

"没关系。"小倩回答。没一会儿，两个女孩就和好如初、快快乐乐地玩在了一起。

> 绵绵，你说，这件事是不是你做错了？做错了怎么办？

> 是，是我错了，我应该和小倩说对不起。

故事启迪

什么是批评？百科中的解释是"对错误与缺点提出意见"。提出意见的目的是什么？让被批评的人认识错误、改正错误、完善自己、获得进步。

绝大多数情况下，人与人之间的批评都是善意的，家长与孩子之间尤其如此。

然而，不管怎么说，批评都是对孩子的一种非正面判断，谁被指出缺点、指出错误会喜笑颜开？

孩子被批评了，心里肯定不舒服、有疙瘩，因此家长们在批评孩子时更要讲究方式方法。

简单粗暴的责难，劈头盖脸的怒骂，不分青红皂白的否定，肯定是不行的！

家长批评孩子时，语气尽量要平和，可以严肃，但不能过于严厉。要用孩子能听懂、能理解的方式指出他/她的错误，告诉他/她错在哪儿，为什么错，应该怎么改正。如果孩子对你的批评并不认同，不要急，别发火，要慢慢地给他/她分析、和他/她讲道理。即便孩子做得不对，也不能全盘否定他/她，在批评时，最好采用先扬后抑的方法，先肯定孩子的长处、优点、闪光点，再指出他/她的缺点。

另外，批评孩子时要根据孩子的性格、心理承受能力等采用不同的批评方法，千万不能照猫画虎、
一概而论。

举一反三

小祥月考又考砸了！

全班第 36 名，数学单科成绩只有 42 分。

收到老师发来的成绩单后，妈妈把小祥叫到了身边。

哦。

儿子，来，过来，咱俩聊聊这次月考。

"儿子，月考成绩出来了，你知道吗？"

"知道。"

"妈妈看了你的数学试卷，丢分最多的就是大题。卷子上有好几道同类型的题，选择和填空你都做对了，说明你会做，可大题为什么做错了呢？"

"我太马虎，算错数了。"小祥回答。

"是的，没错，你太马虎了，明明解题思路很清晰，用的方法也很巧妙，最后却因为算错答案丢分，这一点，妈妈必须批评你。你接不接受？"

"接受。"小祥点头。

"以后做题的时候一定要仔细，做完多验算两遍。你想想，要是不马虎，大题不丢分，你就能多得 20 分，成绩至少进步 15 名。"妈妈细心叮嘱、耐心引导。

"妈，您放心，下回我一定不马虎了。"小祥信誓旦旦地保证道。

> 儿子，你不能再这么马虎了，做题要仔细，多验算。

> 妈，您放心，我一定改掉马虎的坏习惯。

智慧锦囊

批评要有目的性，只针对具体的问题、情境，不针对人。批评的目的是督促孩子改正，让孩子进步，而不是单纯地为了批评而批评。家长在批评孩子时，一定要把握尺度，注意方式和语气。

学会委婉地拒绝

你拒绝过孩子吗？

当孩子提出一些过分的、不合理的或者你暂时无法满足的要求时，你拒绝过他／她吗？

别担心被指责，你做得没错！明智的父母都不可能对孩子有求必应。

不过，拒绝虽然没错，但也要选对方法。比起直接说"不"，迂回些、委婉些，无疑会更好。

📝 沟通故事

美美长了蛀牙，妈妈带她去看医生。

医生仔细检查之后，给美美做了简单的处理、开了药，还嘱咐她最近两周内不能吃甜食。

美美答应了。

从牙科诊所出来后，妈妈带美美去逛超市，美美看到一盒包装精美的巧克力，非常喜欢，一定要买。

"妈妈，我要巧克力，帮我买吧，求求你了。"美美拉着妈妈的袖子，撒娇说。

"真的想买？"妈妈问。

"真的！"美美用力点头。

"可以啊，"妈妈笑着说，"不过，宝贝儿，巧克力是甜食哦。医生伯伯不是告诉你

> 妈妈，给我买盒巧克力吧，求你了。

> 好啊。

最近不能吃甜食，吃了甜食，你的小白牙就会继续生虫子。牙齿坏了，就没办法吃奶酪、吃比萨饼、吃香蕉、吃炸鸡、吃……"

呜呜，太可怕了！

听了妈妈的话，美美脸色一变，赶紧把手里的巧克力放下，连连摆手说："妈妈，我不买巧克力了，坚决不买了！"

说完，像是害怕妈妈非得给自己买一般，美美拉着妈妈的手，小跑着离开了零食区。

吃了巧克力牙齿会生虫。牙齿坏了，你就吃不了其他好吃的了。你确定要买巧克力？

不，不，妈妈，我不要了！

故事启迪

说话真的是一门博大精深的学问，同样的意思，用不同的话语来表达，效果截然不同。

如果家长明确地对孩子说"不""不行""不可以""不可能"，孩子或许会受伤、会不理解，会用撒泼、耍赖、卖萌、哭闹、软磨硬泡等方法来抗争；可是，如果家长先肯定说"可以""没问题"，然后再以"不过""但是"为转折，和孩子讲道理，向他／她说明利弊，说明"这么做了有什么坏处""不这么做有什么好处"，孩子大概率就会主动放弃，就像故事中的美美妈妈和美美。

美美想吃巧克力，妈妈并没有强硬地拒绝，反而答应了她。然后告诉美美"吃巧克力牙齿会生虫子",牙齿生了虫子,"坏掉了",她就不能吃其他各种好吃的了,比如奶酪、炸鸡、比萨、香蕉等等。

一盒巧克力和一堆好吃的相比,哪个更重要,显而易见。于是,美美妥协了,主动放弃了买巧克力。

所以,你看,拒绝孩子也可以很巧妙,不必硬邦邦、冷冰冰的。

另外,除了上面提到的"以是代否转折法",家长们在拒绝孩子的时候还可以采用其他比较实用的方法,比如向孩子说明自己的困难,请求孩子谅解;比如移花接木,巧妙地转移孩子的关注点;比如给孩子提供其他的选择;比如拖延,暂时答应,再把"兑现"的日期合情合理地往后拖……

举一反三

"妈妈,我想要这双小白鞋。"商场,童鞋专柜,涵涵指着一双精致的白色小皮鞋,满脸渴望地看着妈妈。

妈妈刚想点头答应,但看到1888的标价,却打起了退堂鼓。

太贵了!一双鞋子,都快赶上自己一个月的工资了。

"妈妈,给我买吧。妈妈!"见妈妈犹豫,涵涵立即嘟起了嘴,两只大眼睛中蓄满了泪水。

怎么办呢?妈妈有些着急,有些苦恼。

目光在其他几个童鞋店铺逡巡了两圈后，妈妈有了主意。

"涵涵，你为什么非要这双小白鞋？"妈妈问女儿。

"小白鞋好看啊！"涵涵一脸天真地回答。

"好看？"妈妈佯装思索了一下，然后指着斜对面柜台上摆着的一双白色方跟皮鞋说，"那双皮鞋也很好看啊。"

涵涵的关注点立即被转移："真的？"

"当然是真的，你要是不信，妈妈带你去看看。"妈妈建议。

"好啊！"涵涵点头，蹦蹦跳跳地和妈妈走向另一个专柜。

最后，妈妈为涵涵买了双小巧可爱、好看不贵的漆面皮鞋。涵涵十分开心。

智慧锦囊

　　拒绝没有定式，也没有百试百灵的方法，只要能在不伤感情、不伤孩子的前提下拒绝，任何方法都值得被肯定。

　　不过，亲爱的家长，你必须注意，无论采用什么方法，拒绝孩子时都要遵循一个共同的原则，那就是委婉。不要直接说"不行"，也别只说"不行"，如果实在学不会委婉，那么哪怕是编，你也要给孩子编一个拒绝他/她的理由。

别轻易否定孩子

打破花瓶很容易，但是想将碎了一地的瓷片重新拼好却不容易。

摧毁一个孩子的自信很简单，要帮孩子走出阴霾、放弃自卑、重拾自信却很难。

在和孩子沟通、相处时，亲爱的家长，请务必十二分谨慎，每句话出口前都要三思，多鼓励、多赞扬，千万不要随随便便就去否定孩子，尤其是在孩子付出心血和努力之后。

📝 沟通故事

妈妈生日那天，8 岁的女儿小慧送给她一块丑丑的木牌。

木牌是长条形的，长两尺，宽大约一尺，中间用刻刀横七竖八地划了许多凌乱的线条，线条的轮廓看上去似乎是一只长尾巴的鸟，鸟身上涂着厚厚的红色油彩。实在是太丑了。

看着木牌，爸爸紧紧皱起眉头，呵斥道："这是什么东西，你能不能……"

听到爸爸的呵斥，小慧眼中的神采瞬间黯淡，难过地低下了头。

> 这是什么东西，太丑了，你……

> 谢谢你，宝贝，妈妈很喜欢你的礼物。

> 妈妈，给，这是我送你的生日礼物。

不过，没等爸爸把话说完，妈妈就拦住了他。

"小慧，这是你亲手刻的吗？"妈妈弯下身，笑着问小慧。

"是！"小慧用力点头。

"这只漂亮的红鸟是什么？朱雀、鸾鸟，还是凤凰？"妈妈又问。

"是凤凰！"小慧抬起头，回答说。然后，她一脸期待地问妈妈，"妈妈，你也觉得它很漂亮？"

"那当然！"妈妈点头，笃定地说。

"真的？"小慧眼中光芒闪烁。

"真的！谢谢你，小慧。这只凤凰是妈妈收到的最好的礼物。"妈妈说着，还轻轻地在小慧额头吻了一下。

"不过，要是你能把凤凰的线条勾勒得再清晰一些，颜色涂得再浅些，就更好了。"

> 说好了，明年小慧一定要送妈妈一只更清晰、更漂亮的凤凰。

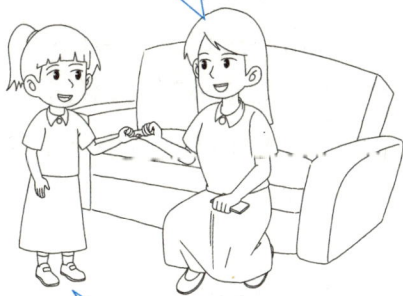

"嗯，我知道了！"这下，小慧开心了，脸上绽开了明媚的笑容，"妈妈，你放心，明年你过生日，我一定送你一只更漂亮的凤凰。"

"好，咱们拉钩！"

"拉钩！"

> 嗯嗯！说好了，我们拉钩。拉钩上吊一百年不许变！

故事启迪

孩子的每一次努力都不该被否定，孩子的每一份心意都该被珍惜。

亲爱的家长，你要明白，没有什么事情能一蹴而就，无论是谁，在能够疾速奔跑之前，都要经历邯郸学步的过程。这个过程，或许短暂，或许漫长，或许会踉跄、难免会摔倒。你不能因为孩子跌倒了，就认为他/她不会走，不能因为孩子最初的踉跄，就断言他/她走不稳。

谁的成长，不需要经历风雨？哪个成功不是在失败中孕育出来的？哪棵大树能够一夜就成材？

所以，作为家长，在孩子成长的过程中，务必要学会认同与宽容。

即便孩子做得再不好，也别轻易否定他／她。

"太丑了""怎么这么差""不好""不行""笨死了"，不经意间的几句否定，在家长看来或许只是小事，但对渴望被认同、被赞扬的孩子来说，可能就是晴天霹雳，是天塌地陷般的大事！

别小觑否定的威力！

家长的否定，不用太多，也不用太重，轻轻松松就能将孩子的积极性打消，把孩子的自信心击垮。

当然了，不能轻易否定，并不意味着我们要盲目地去赞扬和肯定。过度的、不符合事实的肯定可能会让孩子产生某种错觉，错误地评估自身的能力。

因此，在和孩子沟通时，家长一定要把握尺度，不打击，也不过分褒扬。就像小慧妈妈那样，既肯定和认可了小慧的心意，也委婉中肯地提出了建议，让小慧主动承诺送一只"更漂亮的凤凰"，更加积极地去努力。

举一反三

莹莹从小就特别喜欢画水彩画。

九月的一天，她兴冲冲地拿着一幅刚画完的画给妈妈看。

"妈妈，你看，你看，这是我画的秋天。"

妈妈接过画，仔细看了看，越看眉头皱得越紧。画的用色太浓艳了，

好，我来看看。

妈妈，你快看，我画的秋天。

一点儿都没有秋的感觉。可是看着女儿"我很棒，快表扬我"的小表情，妈妈实在是没办法把否定的话说出口。

于是，妈妈想了想，先是对莹莹说："闺女，你画得很好，比妈妈小时候强太多了。"接着，又指着画上不太妥当的地方告诉她，"要是你能少画点儿鲜艳的花和树叶，草不画那么绿，再画上几片落叶，就更好了。"

莹莹听后，笑着点点头，回应说："好的，妈妈，我知道了。"

很好，比妈妈小时候强多了。要是能稍稍改进一下，少画花、添几片落叶，会更好哦！

妈妈，我画得好不好？

智慧锦囊

家长不是不可以否定孩子，相反，孩子有缺点、有不足、有做得不够好的地方，家长理应给予提醒，加以纠正。但是否定也要讲策略、讲技巧，不能太直接，以肯定代替否定、巧妙建议就是个不错的法子。

成为孩子的榜样

📖 思考时刻

英国著名教育学家斯宾塞先生曾经说过："孩子是家庭的一面镜子。"家长是什么样子的，孩子就是什么样子的。家长如果想改变孩子，和孩子顺畅地沟通，让孩子成为理想中的模样，就得先改变自己，让自己变得更好、更优秀、更上进，成为孩子的榜样与偶像。

📝 沟通故事

超超喜欢睡懒觉，每天早晨都赖床。

妈妈定了五个闹钟，都没法把他叫起来。没办法，只好寻求爸爸的帮助。

爸爸把超超喊过来，非常严肃地对他说："儿子，睡懒觉是不对的，你以后一定要早起，不许赖床。"

"我不干！"超超摇头拒绝，"爸爸你自己也天天睡懒觉，凭什么不许我睡？"

听了超超的话，爸爸下意识地想要反驳，可根本没办法反驳。

毕竟，超超说的都是实话。

不过，爸爸也没发火，反而痛定思痛，进行自我反思，决定先改

你自己都起不来，凭什么要求我？

儿子，睡懒觉是个坏习惯，你以后一定要早起。

变自己。

　　第二天，早上六点，爸爸忍着睡意准时起床，洗漱完后，还去楼下晨跑了半个小时。七点钟，超超起床，看到神清气爽的爸爸，一下子愣住了。

　　之后的两个多月，爸爸一直早睡早起、坚持晨练。超超看在眼里，不知不觉也受到了感染，起床的时间越来越早。

　　这天，爸爸刚出门，就看到了等在门口的超超。

　　"一起锻炼去？"超超笑着对爸爸发出邀请。

　　"OK！"爸爸非常痛快地答应了。

OK！没问题！

一起锻炼去？

📖 故事启迪

　　教育孩子最好的方式，就是给孩子树立一个好的榜样！

　　这个世界上，还有什么比家长的言传身教更能改变一个孩子呢？

　　古时候，人们教子常说："上梁不正下梁歪。"反过来，如果"上梁正了"，那"下梁"肯定就"不会歪"。多简单的道理啊！

　　如果你想改变孩子，让孩子自律、自强、自信、诚实、守诺、善良，你就该以身作则，自己先去做。就像超超爸爸那样。他先做到了早睡早起，努力锻炼，超超才愿意听取他的意见，早睡早起，锻炼身体。

　　类似的事，还有许多，不胜枚举。

　　所以，亲爱的家长，相信我，只要你做到了，再去要求孩子、教导孩子，孩子肯定不会抵触，说不定，他／她还会积极主动地向你靠近、和你沟通、向你求取经验呢。

第四篇
亲子沟通的常见禁忌

　　从某种意义上来说，亲子沟通就像是一场夺旗大作战，想要成功占据高地、赢得孩子的心，家长不仅要锤炼情商、掌握一定的沟通技巧，还得尽力避开沟通中常见的一些"雷区"，如：过度唠叨孩子，肆意贬低、当众指责孩子，忽视对孩子的承诺，和孩子冷战，站在孩子的对立面、"背叛"孩子，等等，以免中途"爆雷"，把自己和孩子都炸得"伤痕累累"。

肆意贬低孩子

🎓 **思考时刻**

亲爱的家长，你贬低过自己的孩子吗？

你有没有嫌弃过孩子不太聪明，骂他/她"笨蛋""傻瓜""蠢货"？你有没有否定过孩子的成长，说他/她"不行""糟糕""还差得远"？你有没有挑剔过孩子的生活，指责他/她是"邋遢鬼""讨债精""祸根子"？

如果有，请立即、马上停止你的行为，以免把孩子伤得太深、推得太远。

📝 **沟通故事**

小胖在楼下玩球，不小心砸碎了邻居家的玻璃。

邻居阿姨叫来了小胖爸爸。

爸爸刚看到小胖，就双眼冒火地冲过去，揪住了小胖的耳朵，大声责骂道："你这个惹祸精、讨债鬼，一天到晚就知道给老子惹祸。你能不能消停点儿？真后悔生了你，当初就该直接把你掐死！"

> 糟了！又闯祸了！

听着爸爸的话，小胖神情沮丧、忍不住浑身颤抖。

"小胖爸爸，你别骂孩子，没那么严重。"邻居阿姨上前劝阻。

"大姐，你不知道，这小兔崽子闯祸不是一次两次了，"面对邻居阿姨，小胖爸爸的态度和缓了下来，但怒气依旧很盛，"哎，也不知道我上辈子造了什么孽，才生下这么个祸头子，我是真绝望了。"

说着，小胖爸爸转过头，伸手重重地推了小胖一把，继续吼："你这个讨债鬼，还站在这儿干什么，赶紧滚回家去，今天晚上不准吃饭。"

小胖被推得一个趔趄跌坐在地上，但他却没喊疼，反而呆呆地坐在那儿，像个失去了活力与神采的木偶。

讨债鬼！惹祸精！给我滚回家去！

小胖爸爸，你消消火，别骂孩子，就是块玻璃，没那么严重。

爸爸肯定很讨厌我。

故事启迪

比起其他人的不认同，父母的否定、谩骂、指责、贬低，对孩子来说才是真正致命的暴击！

诚然，孩子小，不懂事，总是需要父母操心，时不时还会给父母惹些麻烦，比如砸碎邻居家的玻璃、揪小狗的尾巴、和同学抢玩具……但这并不意味着家长就能肆意地贬低和谩骂孩子。

孩子犯错了、惹祸了，家长教育和"惩罚"的方法有许多。就拿砸碎邻居玻璃这件事来说吧，作为家长，爸爸完全可以和孩子讲道理，告诉他，砸碎玻璃要赔偿，告诉他这样做是不对的；也可以罚他写检讨或者让他自己承担后果，用自己的压岁钱/小金库去赔偿阿姨，而不是一口一个"惹祸精"、一口一个"讨债鬼"，对着孩子大吼大叫，这样做，除了会打击孩子，让孩子灰心、沮丧、自卑、绝望外，毫无益处。

当然了，现实生活中，像小胖爸爸这样暴躁、极端的家长毕竟只是少数，绝大多数家长对孩子态度还是温和的、包容的。

可即便如此，家长对孩子的贬低却一点儿都没少。

为什么呢？

一个主要原因是"激励"。

家长想要通过贬低孩子的方式，让孩子"知耻而后勇"，努力变得更好、更优秀。不过，效果嘛，显而易见，并不好。

另一个主要原因是"自谦"。

家长普遍认为"谦虚是美德"，在和别人交谈的时候，尤其是在和别人聊起自家孩子的时候，总会下意识地赞扬别人的孩子，贬低自己的孩子。

或许，对家长来说，这就是单纯的客套，是一种社交策略，但孩子不知道啊，孩子不懂什么客套，家长说的每一句话他/她都会当真，被贬低的次数多了，孩子就会觉得自己真的很差劲，进而变得自卑自闭、自暴自弃。

所以，家长们，无论何时都请谨言慎行，不要肆意贬低你的孩子！千万不要！

举一反三

露露和玲玲是同班同学。

这天，露露和妈妈在湖边散步的时候，正好碰到了玲玲和他妈妈。

真羡慕你，你家露露多省心啊，不像我家这个，又笨又懒。

果然，妈妈不喜欢我，我就是个笨小孩。

两位家长互相打了招呼，热情地聊起了天。

聊着聊着，就聊到了孩子的学习。

"真羡慕你，"玲玲妈妈说，"你家露露多省心啊，学习好、勤奋，每次都考班里前十名。不像我家玲玲，笨死了。"

听了玲玲妈妈的话，露露妈妈并没有假客套，反而笑着摸了摸露露的头，笑着应和："露露确实挺让人省心的，平时学习都不用我督促。成绩也不错。上次月考还给了我个惊喜，考了第一。"

闻言，露露脸上立即绽放出了自豪的笑容，开心极了。

接着，露露妈妈话锋一转，又夸起了玲玲，说玲玲懂事、多才多艺，等等。两位妈妈聊了很久，气氛十分融洽。

> 妈妈又夸我了，好开心。

> 我家露露确实挺省心，学习也不错。上次月考考了第一呢。您家玲玲也很好，……

智慧锦囊

家长不能过分炫耀孩子，也不能肆意贬低孩子，尤其是当着别人的面，更应该肯定孩子，不能因为客套、谦虚、变相激励等原因，无原则地贬低孩子，否则很可能弄巧成拙、自食恶果。

唠里唠叨、喋喋不休

💭 思考时刻

无止境的唠叨真的是个很糟糕的习惯！

谁会喜欢唠里唠叨、喋喋不休的人呢？

调查显示，在"最不受孩子欢迎的行为"排行榜中，家长的"唠叨"始终位列前三。大部分孩子都觉得家长的唠叨既"烦人"又"没必要"，时间长了、次数多了，让人焦虑、暴躁、忍不住破防。

📝 沟通故事

周六下午，妈妈买菜回来，刚一进门，就看到儿子小健正抱着手机玩游戏。

妈妈的心情立即变得不美丽了。

"小健，你作业写完了吗？"

"没有。我明天写。"小健目不转睛地盯着手机屏幕，一边灵活地操控着游戏人物，一边漫不经心地回应妈妈。

没有？！明天再写？！

听到小健的回答，妈妈更不乐意了。

"明天写？明天来得及吗？明天上午咱们得去你爷爷家。"

"作业都没写完，你玩什么游戏？游戏就这么好玩吗？"

听着妈妈的唠叨，小健下意识地皱了皱眉头，但为了安抚妈妈的情

> 小健，你作业写完了吗？和你说多少遍了，少玩游戏，多把精力放在学习上……

> 知道了，知道了，明天就写。

绪，他还是保证道："我作业剩得不多，只有一张英语卷子，明天肯定能写完。"

可惜，妈妈的唠叨并没有就此停止，反而变本加厉。

"就一张卷子，为什么非得明天写？今天不能写吗？"

"小健，我和你说，学习的事不能马虎，得抓紧。写完作业再玩游戏不行吗？"

"你看看你，天天就知道游戏、游戏，游戏能当饭吃吗？能当钱花吗？"

"妈妈管你，都是为你好。玩游戏耽误了学习，考不上好大学，你将来怎么办？去工地搬砖吗？搬砖都没人要你，我和你说……"

"别说了！我不想听！"喋喋不休的唠叨就像是连绵的魔音，不断冲击着小健的耳膜，最后，他实在忍不住了，歇斯底里地冲妈妈喊道。

妈妈被小健的吼声吓了一跳，终于讷讷地住了嘴。

📖 故事启迪

家长为什么爱唠叨孩子？

因为关心，关心孩子的一切；因为不放心，总害怕孩子做不好、出差错。

只是，唠叨这个事儿，可以有，但不能过度。

再好听的歌，听久了也会腻；再好吃的菜，吃多了也会吐；再好的话，听多了也会招人烦！

再重要的事情，说三遍已是极限；若是说上十遍百遍、千遍万遍，恐怕脾气最好、性格最温和的人也受不了！

所以啊，亲爱的家长，你要记住，唠叨没有错，关心孩子也没有错，但能唠叨不如会唠叨，能把唠叨说进孩子的心坎里，那才是真本事。

至于怎么说，首先，你得懂得适可而止，就事论事，别发散，别东一榔头西一棒槌的，就像小健妈妈，话没少说，心没少操，字字句句都在关心儿子，最后却把孩子整得崩溃了，自己也尴尬难受。

事实上，细想想，小健妈妈说什么了？说了这么多，总结起来就一句话"少玩游戏多学习，写完作业再玩游戏"，可妈妈却啰里啰嗦地说了那么多。

言简意赅些不好吗？

另外，被动不如主动，家长与其通过反复唠叨、叮嘱来修正孩子的言行、干预孩子的生活，倒不如少说多做，想办法让孩子自己变得主动起来。

举一反三

二年（1）班的小朋友要集体外出露营。

临出发前，家长们都在不厌其烦地叮嘱自己的孩子。

"艳艳，要记得一个小时就喝一次水，保温水杯妈妈给你放在书

包的侧兜里了，不要忘了。还有啊，吃东西的时候要先用湿巾擦手，湿巾……"

"小强，不许调皮，到了地方要听老师的话，不能到处乱跑，不能……"

只有月红妈妈最淡定，只是问了月红一句："妈妈嘱咐的事都记住了吗？"得到"记住了"的回答后就没再说话。

等到孩子们都坐上校车走了，一群家长凑在一起闲聊，艳艳妈妈很好奇地问月红妈妈："你就不担心你家月红？好歹嘱咐她两句啊。"

闻言，月红妈妈笑了笑，回答说："以前我也爱反复叮嘱孩子，但孩子嫌我唠叨，不爱听。我就和她做了个约定，以后所有的事我都只叮嘱她一遍，她要是记住了，做到了，我就不说了。要是没做到，下一次我就叮嘱三遍，还没做到，就六遍。这不，孩子怕被我唠叨，每次我叮嘱她什么，她都记得牢牢的。"

还能这样？听了月红妈妈的话，家长们都若有所思。

不用，我和孩子做了约定，叮嘱一遍就够了。她最怕我唠叨了。

你不担心孩子吗？怎么不叮嘱她两句？

智慧锦囊

　　强扭的瓜不甜，强喂的饭不香。如果孩子自己不上心，甚至因为腻烦家长的唠叨而和家长对着干，那么家长说再多也没用。相反，如果孩子自己上心，不管什么话，说一遍就足够了！

随意打断孩子的话

众所周知，随便打断别人说话是很不礼貌的行为。

打断别人，随意插话、抢话，无论什么时候，无论什么原因，都极容易让人反感、让人厌恶，甚至爆发不必要的冲突和误会。因为那代表着蔑视、鄙夷、不尊重。

但凡有点儿情商的人，都不会这样做，哪怕那个被打断的人还是个孩子。

📝 沟通故事

午后，阳光温和，亮亮爸妈和亮亮一起聊天、晒太阳。

"儿子，你长大了想成为一个什么样的人？"爸爸惬意地躺在躺椅上，笑眯眯地问亮亮。

"我想做飞行员！"亮亮毫不犹豫地回答说。

"做飞行员很难哦，"听了亮亮的话，爸爸微微一笑，侃侃而谈，"不仅要有出色的身体素质、良好的心态，还得有足够的危机处理能力。"

"我不怕难！"亮亮昂着小脑袋，坚定地说。

"哈哈，儿子有志

> 我会让乘客系好安全带等着，我自己跳伞去……

> 如果你驾驶的飞机半路上没燃料了，你要怎么办？

气。"妈妈柔声夸赞。

"既然你不怕，那爸爸就出个题考考你。如果你驾驶的飞机半路上没燃料了，你要怎么办？"

亮亮歪着头，仔细想了想，回答说："我会让乘客们系好安全带耐心地等着，我自己跳伞下去……"

什么？放弃乘客，自己跳伞？

闻言，爸爸眉头瞬间皱了起来，这孩子三观不正啊！所以，没等亮亮把话说完，爸爸就打断了他，郑重其事地说道："儿子，你这样做不对。做人要有良知、有底线、有担当。作为飞行员，你应该为乘客的安全负责。你不能那么自私，抛下乘客自己去逃生……明白了吗？"

爸爸巴拉巴拉地说了好久，说得自己嘴巴都快干了，这才停下，询问亮亮。

"我不明白，爸爸！我不自私！我只是想跳伞去找燃料，再回来救他们。"亮亮红着眼睛，大声对爸爸说。

听完亮亮的话，爸爸才知道自己误会了儿子，不由得低下了头。

> 你自己跳伞？儿子，你不能这样，做人要有担当，不能自私自利地逃跑当懦夫。

> 你别急，让儿子把话说完。

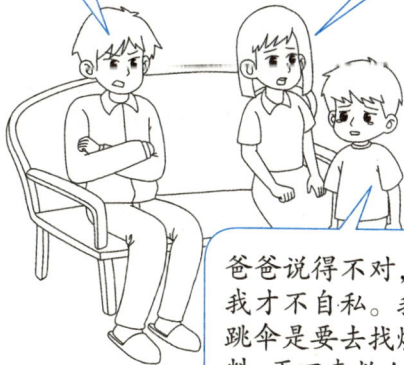

> 爸爸说得不对，我才不自私。我跳伞是要去找燃料，再回来救人。

故事启迪

亲爱的家长，请对孩子多点儿耐心吧！

为什么现实生活中，有那么多家长习惯去打断孩子？

因为在家长眼中，孩子从来都不是独立、平等的沟通对象！打断孩子，不会给自己带来什么损害和负面影响。

更因为家长总是觉得自己见识广、阅历足、经验丰富、能够"洞悉"孩子的想法，所以，会先入为主地对孩子的想法进行判定，并自以为了解了"真相"。

可事实上呢？谁也不是谁肚子里的蛔虫，孩子想什么、做什么、有什么情绪，家长根本就不明白，也不知道！

当冰山的一角露出海面，谁能准确地预判冰山到底有多么庞大呢？冰山到底是什么形状、有多高、有多宽、山中藏着什么？

没有人知道！

而孩子的思想、情感就是冰山，家长看到的也不过是露出海面的那一部分罢了。

因此，亲爱的家长，在和孩子沟通的时候，请别妄下结论，请别先入为主，请别随意打断孩子的话，无论你有多少想法，无论你觉得他／她是对是错，都该耐心地听孩子把话说完！

举一反三

早晨七点，妈妈换好衣服，准备送飞飞去上学。

飞飞却背着书包，站在卧室门口，一动不动。

"飞飞，快点儿，我们得抓紧时间，不然就迟到了。"妈妈催促。

"妈妈，"飞飞抿了抿嘴唇，"我不想去上学。"

不想去上学？

听了飞飞的话，妈妈愣了愣，然后

> 儿子，快点儿，我们该出发了。

> 妈妈，我不想去上学。

走过去，拉着飞飞的手，轻声问："能告诉妈妈为什么吗？"

飞飞迟疑了一下，点点头。

"李琼爸爸给她买了一个文具盒，蓝色的，很漂亮。"飞飞说。

文具盒？

不是不想上学吗？怎么扯到文具盒了？妈妈心里疑惑，但没着急，也没打断飞飞的话，而是耐心地听他讲述。

李琼爸爸给她买了个漂亮的蓝色文具盒。我上厕所的时候碰掉了。

接着说。妈妈在听。

"我昨天下课去厕所，不小心把文具盒碰掉了。妈妈，我不是故意的，我就是不小心。"

"嗯，妈妈相信你，你不是故意的，你接着说。"

"文具盒摔坏了，李琼哭了，她说很讨厌我，不想看到我。"

"所以你不想去上学？飞飞，你这样做不对哦。"听完飞飞的讲述，妈妈说，"你弄坏了李琼的文具盒，就该负责，而不是逃避。这样，妈妈帮你买一个一模一样的文具盒，你去赔给李琼，向她道歉。但买文具盒的钱要从你的压岁钱里扣，没问题吧？"

"没问题！"

"那走吧，咱们先去买文具盒，买完妈妈再送你去学校。"

"好！"

智慧锦囊

　　即便心里有疑惑、有不解，也不要随便打断孩子的话。有问题，等孩子把话说完之后再问也是一样的。

129

当众指责孩子

子曰："君子敏于行而讷于言。"说出去的话，就像是泼出去的水，不可能再收回来。因此，日常生活中，家长说话一定要谨慎，尤其是在和孩子说话的时候，要照顾孩子的情绪和自尊心。无论什么时候，都不能当众指责、批评、否定、打骂自己的孩子！

📝 沟通故事

正月十五元宵节，妈妈带着小峰和小姨一家一起去街上看灯。

街上的花灯好多啊，有兔子灯、凤凰灯、走马灯、莲花灯等，各式各样，漂亮极了。

灯市里，还有很多卖美食的小摊贩，榴莲饼、水果捞、小酥肉、烤串、炸鸡排……

小峰最喜欢吃炸鸡排了，经过一个炸鸡排的小摊时，他忍不住拉住妈妈的袖子，说："妈妈，我想吃鸡排。"

"不行，刚吃完饭，不能吃鸡排，太油了，还不卫生。"妈妈摇头拒绝。

听到妈妈的话，小峰很沮丧。真的好想吃啊！

站在小摊前，闻着鸡排的香味，想象着自己吃到鸡排的情景，小峰嘴角不自觉

好香，好想吃！可惜妈妈不给买。

鸡排

地流下了口水。

看到小峰"没出息"的样子，妈妈顿时觉得脸上发烫，拽过小峰，大声斥责道："吃，吃，就知道吃！一块鸡排就让你馋成这样，你能不能有点儿出息？"

小峰被妈妈训斥蒙了，他很迷茫，不知道自己做错了什么。

"妈妈。"他轻轻地拉了拉妈妈，想让妈妈别说了，可妈妈并没有停止。

"家里平时亏待你了吗？瞧你那没出息的样子，我都为你害臊，你……"妈妈的斥责声越来越大，话也越说越难听。

小峰站在那里，感受着周围异样的目光，尴尬得无地自容，心里难过极了，恨不得立即凿条地缝钻进去。

瞧你那没出息的样，不就是一块鸡排，至于馋成这样吗？丢人！

妈妈才丢人。我不喜欢妈妈了，妈妈好讨厌！

📖 故事启迪

从古至今，教子一直都是个深刻而严肃的话题。

所谓"养不教，父之过"，在孩子成长的过程中，父母扮演的角色无疑是极关键、极重要的。然而，教也要有策略、分情况、讲分寸。

须知，父母教子目的是让孩子成材，而不是打击、磋磨，让孩子受伤、受辱、丢脸，因此，如小峰妈妈这般当着许多人的面斥责、辱骂孩子的做法，是极不可取的。

事实上，即便是在"以父为纲""以孝为伦"的古代，父母教子，尚且要考虑时间、地点、场合和孩子的情绪，讲究"七不责"，即对众不责、暮夜不责、愧悔不责、正欢庆不责、正饮食不责、正悲忧不责、疾病不责。

所以，家长们，尤其是那些喜欢不顾场合、不顾孩子情绪，当众指责孩子的家长们，一定要好好反思一下自己。

教育不是一朝一夕的事，也不急在一时半刻。就算孩子真的做了什么不妥当的事情，回家之后再教育他 / 她不行吗？退一万步说，真的要当众教育，能不能换个态度、换种方法？温声细气、心平气和地讲道理，可不可以？为什么一定要急赤白脸地当众指责呢？

📖 举一反三

高铁站，候车大厅。

乔乔拿着半盒牛奶，蹦蹦跳跳地走在前面，妈妈拉着行李箱跟在后面，正准备找个座位坐下。

对面突然冲过来一个男孩，撞了乔乔一下，乔乔脚下没站稳，歪倒在旁边的椅子上，手里拿的牛奶洒了坐在椅子上的青年一身。

男孩爸爸和乔乔妈妈赶紧跑过来处理。

"兔崽子，跑这么快做什么？急着去投胎啊？"男孩爸爸很暴躁，刚过来就大声指责男孩，"一天天的，就知道给老子惹事！"

兔崽子，跑那么快干什么？急着去投胎？一天天的，就知道给老子惹祸！

不好意思，都是我家孩子的错。我给您擦擦，衣服清洗要多少钱，我都出。

乔乔妈妈却没急着指责乔乔，她先是拿出湿巾，帮被洒了牛奶的乘客擦衣服，赔偿了清洗费，然后才蹲下身，对乔乔说："儿子，你把牛奶洒在叔叔身上了，你该向叔叔道歉。"

"可是，是那个哥哥撞我的。"乔乔有点儿不服气。

"哥哥撞你了，是哥哥不对，哥哥该给你道歉。"妈妈正色，柔和但严肃地说，"可把牛奶洒在叔叔身上的是你，不是哥哥，所以你应该向叔叔道歉，你说对不对？"

"对。"乔乔点头，认同了妈妈的说法。

之后，他迈着小步子，走到叔叔面前，鞠了个躬，很认真地道歉："叔叔，对不起。"叔叔很大度地原谅了他。

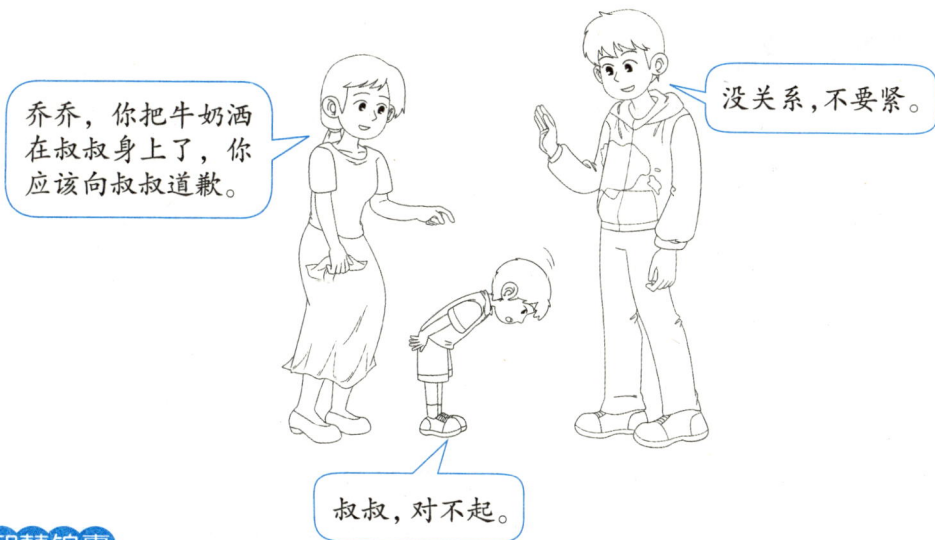

> 乔乔，你把牛奶洒在叔叔身上了，你应该向叔叔道歉。

> 没关系，不要紧。

> 叔叔，对不起。

智慧锦囊

树不修不直溜，未成年的孩子就像小树，只有不断修枝剪叶，才能茁壮成长。但修剪也要讲方法。当众指责孩子，就像直接折断小树长歪的树枝，既暴力又不妥当，聪明的家长都不会这么做。

以爱为名，"绑架"孩子

📖 思考时刻

家长们最大的自私，就是以爱为名，理直气壮地"绑架"自己的孩子！

"妈妈爱你，不想你以后吃苦，所以……""你怎么就不理解爸爸的苦心呢？爸爸那么爱你！"类似的话，不知有多少家长说过，或许，在家长眼中，自己做的一切，确实是出于爱，却不知这种高压、控制、自我感动型的爱对孩子来说有多窒息、多沉重。

📝 沟通故事

晚上八点半，贺贺好不容易写完了作业，伸了个懒腰，正准备看几集电视剧放松一下。

妈妈端着一杯牛奶、一盘切好的西瓜走了进来。

"来，贺贺，喝杯奶，吃块西瓜，"妈妈柔声说，"吃完再接着写作业。"

"妈妈，我作业写完了。"贺贺说，"我想看……"

"作业写完了，你也不能懈怠。"没等贺贺把话说完，妈妈就打断了她，语重心长地说，"作业写完了，你可以复习一下今天学过的功课，预习下明天要学的内容。圣人都说，学习要'温故而知新'呢。"

听了妈妈的话，贺贺有些不乐意："妈妈，我今天学了一天了，很累，想放松下。"

不行，学习不能松懈。

作业写完了，终于可以放松了。

　　没想到，妈妈却很坚定地摇头说："不行，贺贺，好孩子，妈妈知道你累，妈妈也上过学，知道学习很辛苦，可是，现在学习不努力，松懈了，将来你就会落后于别人。"

　　"妈妈……"

　　"别说了，总之，不行，你必须得学习。孩子，别觉得妈妈心狠，这个世界上再没有谁比妈妈更爱你了。妈妈现在逼你，只是想让你将来活得轻松一些，你得理解妈妈。"妈妈说着说着，眼圈就红了，落下泪来。

　　"妈妈，你别哭，我学，我学还不行吗？"见状，贺贺没办法，只能妥协了。

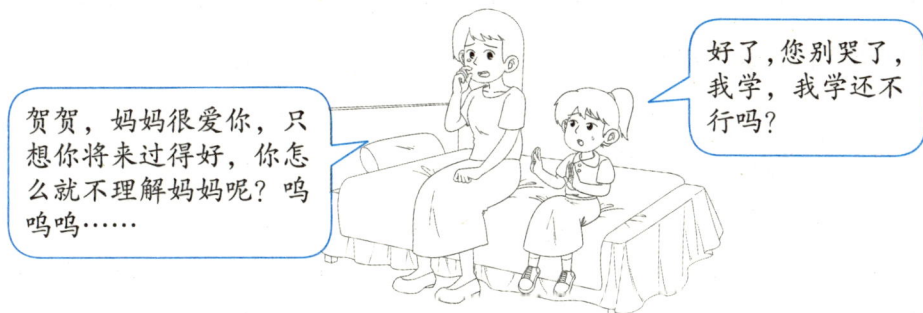

> 贺贺，妈妈很爱你，只想你将来过得好，你怎么就不理解妈妈呢？呜呜呜……

> 好了，您别哭了，我学，我学还不行吗？

故事启迪

　　爱是世界上最美好、最温馨的感情，不该被利用，也不该成为束缚和绑架孩子的枷锁。

　　很多时候，比起简单粗暴的打骂，家长以爱为名的胁迫、绑架、控制，对孩子的伤害往往更深、更大、更持久。

　　日常生活中，总有一些家长抱怨孩子叛逆、不懂事、不懂自己的苦心，总觉得自己即便做了不符合孩子意愿的事、强迫了孩子，也都是为了孩子好，是因为爱孩子，孩子应该理解。

　　不得不说，这种认知，真的很可怕！

以爱为名，真的可以让家长对孩子肆无忌惮、为所欲为吗？

不可以！

事实上，每一次以爱为名的强迫都折射着一个隐晦的残酷现实，那就是你并没有自己想象中那么爱你的孩子。

如果有，你就不会明知道他／她很痛苦、很抗拒、很累，还要"为他／她好"，还要去逼迫他／她！

以爱为名的"绑架"，说到底，不过是家长的自我感动，是以"苦心孤诣"和"爱"为伪装的一种控制欲。

你想控制你的孩子，想操控他／她的人生，让他／她完完全全按照你的意志和安排去生活、去前进。你当然是好心，你也确实是想给孩子更好的未来，让孩子变得更优秀，可你的做法太自私、太霸道、太让人压抑了。孩子很容易因此窒息、抑郁，甚至崩溃。

举一反三

一辆北京开往昆明的长途火车缓缓向前行驶着。

珍珍妈妈坐在靠近过道的座位上，身旁的座位空着，珍珍扶着椅子背站在妈妈身边。

"妈妈，我能坐里面那个座位吗？"珍珍问。

"不能，那是别人的座位。"妈妈回答。

"可是这一站没有上来人，那个座位是空的。"珍珍说着，又指了指车厢中大量的空位，"而且，这里好多座位都没人。我可以补一张坐票。"

不能！

妈妈，这些座位都空着，我能坐吗？

　　"说了不行就不行！"妈妈严厉地看了珍珍一眼，说道，"妈妈为你买站票，就是想让你体会生活的艰辛和不易。"

　　"忆苦思甜，懂不懂？当年，妈妈像你这么大的时候，每次坐火车都买站票，一站就是几十个小时，不也坚持过来了。"

　　"你呀，就是太娇惯了。别怪妈妈，妈妈也是爱你，才让你提前体验体验生活，免得以后成了不知人间疾苦的小公主。"

　　听着妈妈的话，珍珍想反驳，又觉得反驳了也没意义，只能轻哼一声，别过头去，不理妈妈。

　　头别过去的瞬间，一滴泪珠悄悄地自珍珍眼角滑落，掉在地上。

> 别怪妈妈，妈妈很爱你，正因为爱你，才专门给你买站票，让你感受下生活的不易。

> 哼，你总是有道理。

智慧锦囊

　　爱不是筹码。无论什么时候，家长都不能以"爱你"为名义自以为是地去绑架孩子，更不能在孩子已经明确表示拒绝的情况下依旧执拗地强迫孩子，否则亲子之间就会生出无形的裂痕。

忽视对孩子的承诺

🎓 **思考时刻**

俗话说："人无信不立。"诚信是人的立身之本。一个不诚实、不守信、不遵守承诺的人，无论在哪儿，都不会受欢迎；一个忽视承诺、说过就忘、把孩子当"傻瓜"糊弄的家长，或早或晚，肯定也会失去孩子的尊重与信任。

信任不在，高效的沟通、良好的交流自然也就无从谈起了。

📋 **沟通故事**

马上就要期中考试了。

小宝却一点儿都不紧张，每天放学回家不是玩游戏，就是看漫画，爸爸妈妈看在眼里、急在心上。

为了督促小宝学习，爸爸向小宝许诺："只要你期中考试能进前20名，爸爸就给你买个变形金刚。"

"真的？"小宝一听，兴奋极了。那之后，直到考试，学习都很认真。预习、复习、做作业、做习题，一丝不苟，有时候还会主动给

> 小宝，只要你期中考试考进前20名，爸爸就送你一个你最喜欢的变形金刚。

> 真的？太好了！爸爸，你放心，我一定好好复习、好好考。

自己加量。

爸爸妈妈欣慰极了。

所谓"功夫不负有心人"，经过两周多的努力准备，小宝期中考试如愿以偿地考到了全班第 15 名。

成绩出来后，小宝乐坏了，急不可耐地找到爸爸："爸爸，我考了第 15 名，你答应我的变形金刚什么时候去买？我想要个红色的。"

"过两天去。"正在做 PPT 的爸爸随口敷衍道。

可是，一天、两天、三天……十天、二十天……转眼一个月过去了，小宝等了又等，也没等到爸爸的变形金刚。

小宝很伤心，忍不住哭喊："爸爸骗人，我以后再也不信爸爸了！"

变形金刚？哦，我忘了，过两天给你买。

爸爸说话不算数，爸爸是大骗子！

📖 故事启迪

亲爱的家长，请仔细回忆一下，你有没有像小宝爸爸那样，对孩子许下过类似的承诺？

承诺之后，你又是怎么做的？是认真履行了承诺，还是转头就把自己的承诺忘了？

别否认，70% 以上的家长肯定忘了！

毕竟，承诺的事情太多、太小、太琐碎了，不是"明天给你买个转笔刀""下周带你去姥姥家玩""考好了带你去吃肯德基"，就是"过两天和你一起去放风筝""有空一起做树叶贴画""凉快了一起去烧烤"。

之所以会承诺，或许是为了激励孩子，或许是变相地诱惑孩子，或许只是话赶话说到了就随口应付了一句。

从家长的角度看，这些承诺根本就不是承诺，不过是些"哄孩子"的话，当不得真，也没怎么放在心上。可孩子不这么想啊！

孩子会把家长的每一句承诺都当真。家长每对孩子失信一次，信用就会在孩子心中减一分。

失信的次数多了，信用就会破产，家长再说什么，孩子都不会信。

"狼来了"的教训不仅适用于撒谎的孩子，同样适用于撒谎的家长！

因此，自古而今，凡是明智、善于沟通的家长都很注重自己的信用，如果可以，从不失信于孩子。

曾子杀猪的故事相信很多家长都听说过。曾子的妻子要上街买东西，儿子哭着要跟随。曾子的妻子就哄骗儿子说："如果你不跟着去，等妈妈回家，就给你炖猪肉吃。"儿子就乖乖地留在了家里。可曾子的妻子从街上回来后，却想食言，曾子听说后，二话没说，就杀了家里的肥猪，炖了肉，履行了对儿子的承诺。

曾子为什么要这么做？就是要给儿子树立诚信守诺的观念，维持家长的信用啊！家长都言而无信，何以服人？何以育子？

而且，一旦孩子有了"家长说话不算数"的认识，家长的威信就会大打折扣，再想管教孩子，必然事倍功半、困难重重。

> 妈妈今天没带钱，明天再给你买，好不好？

举一反三

"妈妈，我想吃苹果。"

从小区门口的超市经过时，大智突然指着摆在外面的苹果对妈妈说。

> 妈妈，我想吃苹果。

妈妈没带手机和钱包，就对大智说："妈妈今天没带钱，明天再给你买，好不好？"

"好。"大智点头。

第二天，妈妈下班，匆匆忙忙地往家赶，回到家后，才想起来没给大智买苹果。

"明天再去买吧。"爸爸劝说，"只是几个苹果，早点儿晚点儿没关系，家里还有葡萄和香蕉。"

"不行，我答应儿子了，就得做到。"妈妈摇摇头，坚定地说。说完就下楼。去超市买了一大兜苹果。

果然，看到苹果，大智立即眉开眼笑，高兴得不得了。

明天再去吧，反正家里还有其他水果呢，够他吃的。

不行，我答应儿子了，就得做到。

智慧锦囊

对孩子的承诺不管有多小，只要承诺了，就要去履行。别觉得"哄骗"孩子没关系，哄骗，名义上是"哄"，本质上却是"骗"！被家长哄骗次数多了，孩子就会受伤，不把家长的话当回事。亲子之间失去信任，再沟通，效果自然大打折扣。

141

对孩子指手画脚

每一个问题孩子背后，都有一对问题家长；所有冷漠的亲子关系背后，都隐藏着无数不为人知的悲喜与故事。

亲子沟通得不畅，固然有孩子的原因，但家长的很多做法也确实欠妥当，比如随意指责孩子的喜好、强势改变孩子的规划、蛮横介入孩子的圈子、对孩子的生活指手画脚！

📝 沟通故事

放暑假了。嘉瑞想去上海参加一年一度的动漫嘉年华。为此，他提前半个月在网上订了机票、嘉年华门票和酒店，买了 cosplay 用的服装，还和小伙伴约好了一起表演节目。

可是，到了该出发的日子，嘉瑞翻箱倒柜找了半天也没找到自己的身份证。

明明放在书包里了。

眼看着飞机起飞的时间越来越近，嘉瑞又着急又疑惑，正准备把卧室再翻一遍，妈妈走了过来，对他说："别找了，你的身份证在我这儿。"

"在您那儿？您拿我身份证干什么？"嘉瑞很吃惊。

"当然是阻止你去那个劳什子的动漫展啊。"妈妈理直气壮地说，"你瞧瞧你，一天天的，像着魔了一样，玩物丧

> 嘉年华，等着我！
> 上海，不见不散！
> 呼呼哈嘿！

志。还非得"烤丝"什么，乱七八糟的，不学好。我是你妈妈，不能看着你走上歪路。"

"妈，是 cosplay，很正经的，不是乱七八糟。"嘉瑞试图向妈妈解释，改变妈妈的看法。

"你懂什么？那个动漫展，我看过，一群孩子打扮得妖里妖气、奇形怪状的，你不能去。"妈妈说，"今天只要有我在，你就甭想出这个门。"

"您……不可理喻！"嘉瑞被妈妈气到了，又不敢和妈妈硬来，只能闷闷地回了自己房间。

故事启迪

90% 以上的家长都对孩子指手画脚过。

是的，指手画脚！

或许，在家长看来，自己只是在指点孩子、教育孩子、尽职尽责地纠正孩子的错误，以免孩子走上歪路。

然而，你得明白，只有真正合情合理、有实有据有建设性的指点才叫指点，轻率、武断、自以为是的指点不叫指点，而叫指摘。

肆意地指责、自顾自地批评、随随便便地指挥和发号施令，不是爱，不是对孩子负责，而是指手画脚！

谁不讨厌对自己指手画脚的人呢？所有人都讨厌！

所以，在和孩子沟通、相处的时候，作为家长，你要始终牢记一条：不要轻易去指责，不要随便指手画脚。

你觉得不对就真的不对吗？你接受不了就一定是错的吗？你不了解就可以肆意攻击？你觉得自己正确就可以直接判定孩子错误吗？

没有这样的道理！

孩子喜欢穿露脐装，你可以不喜欢，但也没必要非得禁止，非得说她"不检点""没有女孩样"；孩子喜欢跳街舞，你可以不支持，但也不必肆意抨击、横加阻挠，好像孩子犯了十恶不赦的大罪。

记住，亲子之间的任何事，都能通过平等地沟通来解决。单方面的指手画脚只会让你和孩子的关系变得越来越差，让沟通变得更难。

时代在发展，世界在变化，你的人生经验覆盖不了孩子的人生。别迷信自己的经验，也别轻易去命令和指责，试着去理解孩子、包容孩子，从"异"中与孩子求"同"，时间会向你证明，你的选择是多么的明智与正确。

举一反三

小潞喜欢上了街舞，想要报街舞班。

"妈妈，街舞真的很好玩，我超级喜欢，你就给我报个班吧。"小潞央求妈妈。

街舞？已经48岁的妈妈，对街舞并不是很了解。

街舞，是在大街上跳舞吗？像什么样子？

> 你先和妈妈说说街舞是怎么回事，妈妈再给你答复。

> 妈妈，我喜欢街舞，你给我报个班呗？

　　妈妈心里很不赞同，但也没立即反驳，更没指手画脚、胡乱评价，而是选择先了解。

　　"你和妈妈先说说街舞是什么。"

　　"好哒。妈妈，街舞是一种表演性很强的舞蹈，霹雳舞、爵士舞、小丑舞、嘻哈舞都属于街舞。街舞也是竞技项目，2024 年奥运会还有街舞比赛呢。"

　　小潞兴致勃勃地介绍完，还即兴给妈妈跳了一段。

　　看着女儿跳舞时神采飞扬的样子，妈妈最终还是同意了她的请求。

妈妈，街舞是巴黎奥运会新增的竞赛项目呢。

好吧，可以先给你报个班。

智慧锦囊

　　当孩子的兴趣、爱好、言行超出你的认知，让你觉得不妥当、不对的时候，别急着去批评，也别胡乱地按照自己的想法去指点，先了解一下，看看孩子怎么说，看看孩子的状态，如果一切向好，即便不太理解，作为家长，最好的做法是试着去接受、理解、包容，而不是阻挠、否定、指手画脚。

无形的软暴力

软刀伤人不见血，钢刀割肉血淋淋。比起有形有质、可见可感的伤害，无形的暴力、心灵的暗伤更加致命。

有形的伤害，是一次性的，鲜明的，造成的伤口虽深，但终究会愈合。无形的暴力，看不到伤口，找不到刀痕，给孩子造成的创伤却很可能一生都无法治愈。

📝 沟通故事

萍萍妈妈是个麻将迷。每天都把大量的时间花费在打麻将上，很少关心萍萍。

这不，早饭刚吃完，连碗筷都没洗，妈妈就又上桌和牌友们一起搓起了麻将。

"妈妈，"萍萍小心翼翼地拽了拽妈妈的袖子，一脸希冀地问，"今天你能送我去上学吗？"

"呦，真把自己当小公主了，就几步路，还让人送？"妈妈嗤笑一声，不耐烦地说，"一边儿去，别烦我！"

萍萍满脸失望，垂头丧气地离开了。

傍晚，放学回家，妈妈还在打麻将。

萍萍拿着100分的数学试卷，

妈妈，今天你能送我去上学吗？

一边去，别烦我。

想要和妈妈分享，得到妈妈的表扬。

"妈妈，我数学考了100分。"萍萍说。

可是，妈妈的注意力全在麻将上，根本就没听到她说什么。

"妈妈、妈妈。"

萍萍又连续叫了好几声，妈妈都没搭理她。萍萍很伤心，丢下卷子，独自一人跑回了房间，趴在床上哇哇大哭起来。

故事启迪

先来科普一下软暴力这个概念。

什么是软暴力？

软暴力，又名精神暴力、心理暴力，是一种常见的、无形的、完全区别于肉体暴力的施暴形式。

一般来说，软暴力的主要表现有三种：一是言语上的轻蔑、奚落、讽刺、挖苦、嘲笑；二是肢体上的抗拒，拒绝拥抱，拒绝微笑，总是冷着一张脸；三是态度上的冷漠、忽视或者无视。

比起肉体上的捶、打、掐、踹、拧，精神和心理上的摧残，对孩子来说，伤害更大、造成的伤口也更深。

长时间的软暴力极有可能给孩子带来浓厚的心理阴影。

别的不说，就说萍萍吧。萍萍很喜欢妈妈，渴望妈妈的陪伴和认同，可是妈妈每天只知道打麻将，很少关心萍萍，和她说话总是不耐烦的样子，时不时还讽刺萍萍，甚至玩得尽兴时，对女儿萍萍视而不见、听而不闻。长此以往，萍萍的心理肯定会出问题。

她会觉得自己不被需要、不被喜欢、是妈妈的累赘，会觉得自己肯定做错了什么，会下意识地去讨好别人，会害怕惹别人不高兴，会自卑，会自我否定……情况严重的，说不准还会自残、自杀。

类似的事情，很多家长都做过，只不过次数不多。

别急着否认，亲爱的家长，请先想想：你有没有因为玩手机、刷新闻、看剧，而拒绝给孩子讲故事？你有没有反复将孩子小时候的糗事当成笑话说给亲朋好友听？你有没有阴阳怪气地挖苦过你的孩子？

有吧！大多数人都有！

可能，你真的是无心的；或许，你只是故意想通过"冷漠""忽视""不搭理"的方法来逼孩子妥协，让孩子涨涨教训；大概，你有你的考量、你的想法。但不管怎么样，你都要记住，软暴力也是暴力。

如果你只是偶尔用软暴力伤害到了孩子，或许还能说一句情有可原，还能去弥补。

如果你长期讽刺、挖苦、冷落、忽视孩子，对孩子"暴力以待"，那么只能说你不配做家长，在做家长这门不需要考试的科目上，你的成绩不合格！

举一反三

厨房里传来一股焦味。

妈妈不用看就知道，肯定是女儿桃桃又把菜炒糊了。

果然，没过一分钟，桃桃就沮丧地走出了厨房，脸上还沾着几缕灰。

"啧啧，厨神桃，你这是又成功糊了一锅？"爸爸撇了撇嘴，半开玩笑半讥讽

地说，"我算算，这是这个月糊得第几锅了，第七锅还是第八锅？你行行好，别再祸害可怜的小蔬……"

"瞎说什么？！"没等爸爸把话说完，妈妈就狠狠地瞪了他一眼。然后，微笑着对桃桃说："闺女，别听你爸的，他嘴上没把门的。妈妈觉得你做得很好，有进步。"

"真的？"桃桃半信半疑。

"当然了，你看，你第一次炒菜的时候，连燃气灶都不会用，现在差不多都能炒熟菜了。再练习练习，肯定会更好。"

闻言，原本蔫蔫的、不自信的桃桃瞬间就支棱了起来。

别听你爸的，妈妈觉得你做得很好，再练习练习，肯定能成功。

嗯嗯！我一定行的！

智慧锦囊

十年树木，百年树人。培养孩子、教育孩子，任重而道远。滥用暴力，无论是哪一种，有形的还是无形的，都不可能达到预期的教育效果。这一点，家长们一定要记清楚。

站在孩子的对立面

📖 思考时刻

世界上，大概没有什么关系能比亲子关系更亲密了。

正因为如此，来自家长的"背刺"，对孩子的伤害才更深、更重、更大、更疼。

日常生活中，常有一些家长，或有意或无意地选错了立场，把自己置于孩子的对立面。或许这种"对立"并不是真的对立，家长也只是理智地就事论事，但从维系亲子关系的角度来看，这种理智殊不可取。

📝 沟通故事

同桌新买的彩色铅笔丢了，怀疑是蔷蔷偷的。

"是你，就是你！"同桌指着蔷蔷，大声说："是你偷了我的铅笔。"

"我没有！"蔷蔷反驳。

"不是你是谁？就是你。你是小偷！"

"你胡说！你不能诬赖我！"

"你……"

两人你一句，我一句，很快就吵成一团，最后还动了手。于是，班主任老师打电话叫来了双方家长。

"蔷蔷，你拿同学铅笔了吗？"了解了事情经过后，蔷蔷爸爸温和地问蔷蔷。

"我没有！"蔷蔷目光坚定地看着爸爸。

蔷蔷，你拿同学铅笔了吗？

我没有！

150

"好，爸爸信你。"爸爸温柔地摸了摸蔷蔷的头说。

之后，班主任在双方家长的见证下，依次翻了两个孩子的书包和抽屉，结果在蔷蔷的抽屉里发现了同桌的铅笔。

"果然是你偷的！小偷！"见状，同桌立即鄙夷地看着蔷蔷，大喊。

蔷蔷面色苍白，两眼含泪，不知道该怎么解释，只是惶恐地站在那儿，一个劲地摇头："不是我，不是我，我没偷铅笔。"

可惜，老师和同学们都不再信任她。

"蔷蔷，别怕，爸爸相信你，你是个诚实的孩子，不会撒谎，也不会偷东西。"就在这时，爸爸走过来，轻轻搂住蔷蔷，柔声说。

"蔷蔷爸爸，您不能这样教育孩子。"班主任有些不赞同地说道。

"老师，我相信我女儿。"闻言，蔷蔷爸爸说："她说没偷就没偷。"

"可是……"

"教室不是都有监控吗，咱们看看监控吧！"蔷蔷爸爸主动提议。

"好吧。"

接着，班主任调阅了监控才发现，铅笔掉在了地上，被美术老师看到了，当时蔷蔷和同桌都不在，老师误以为是蔷蔷掉的，所以顺手把铅笔放进了她的抽屉。

真相大白，蔷蔷果然是被冤枉的。

> 不是我，不是，我没偷铅笔，没有。

> 别怕，蔷蔷，爸爸相信你，永远相信你。

> 哼！蔷蔷是小偷！

📖 故事启迪

先为蔷蔷爸爸点个赞！

在"偷笔"事件中，他处理得很好，始终都坚定不移地站在女儿身边，在所有人都认为蔷蔷是贼的时候，他依旧坚定地相信女儿，为女儿"伸冤"。

正是因为爸爸力挺，"偷笔"的一事最终真相大白，蔷蔷没有平白受委屈。

或许，看到这里，有的家长会质疑，"万一蔷蔷撒谎了呢？她偷了就不承认。那家长不就成了孩子犯错的帮凶了吗？"

可是，万一只是万一，作为家长，你不能因为一种恶意的、消极的、坏的猜测，就先入为主地怀疑孩子，站在孩子的对立面。

要知道，在孩子懵懂且纯真的认知里，家长就是这个世界上最值得信任的人，他/她们觉得，爸爸妈妈天然就是"战友"，应该和自己站在同一"战壕"里，无条件地支持和信任自己，一旦家长"叛变"，孩子会异常地愤怒、难过。

有句老话说，伤你最深的人永远是你最信任的人。

没有信任，就没有期望。没有期望，也就不会失望。相应的，信任越深，期望就越高，期望越高，被辜负、被背叛的时候，伤得也就越深。

孩子被欺负、被冤枉、遇到挫折和困难，最本能的反应就是寻求家长的帮助与庇护。这个时候，不管什么原因，家长都不能站在孩子的对立面。记住，绝对不能！

当然，这并不是说我们要纵容犯错的孩子，而是说在证明孩子错之前，家长要先学会给予孩子信任。

📖 举一反三

王阿姨家的玻璃窗被人用石头砸碎了。

王阿姨很生气，气势汹汹地跑下楼，正好看到在楼下玩耍的宏宏，就以为是宏宏砸的，不仅大声嚷嚷着骂他，还想打他。

宏宏委屈极了。

宏宏妈妈闻讯赶来，立即护住了自己的儿子。

"妈妈，不是我砸的。"看到妈妈来了，宏宏立即有了底气，大声辩驳："阿姨冤枉我。"

"妈妈相信你！"妈妈说。

之后，妈妈打电话报了警。警察调查之后发现，王阿姨家的玻璃是一个来催债的小混混砸的。知道真相后，王阿姨诚恳地向宏宏道了歉。

智慧锦囊

家长的信任是孩子的勇气和底气。家长永远都该是护在孩子身前的最坚挺的盾牌，而不应是倒戈以向、扎进孩子心口的矛尖。相信自己的孩子，永远不要站在他／她的对立面。这是亲子相处的基本原则，也是底线。